JN417312

중국어 최소주의 생성문법 13강

뇌 속의 문법 시스템을 작동시켜라

이 도서는 2017학년도 한국외국어대학교 HUFS특성화 사업의 일환으로 출판되었습니다.

중국어 최소주의 생성문법 13강

김종호
지음

HU:iNE

[서문]: 촘스키의 생성 문법학이 우리를 웃게 할 수 있을까?

Chomsky, 이분은 정말 대단한 사람임에 틀림없다. 1928생으로 이미 90세를 넘겼지만, 그의 전 일생을 통해 어디서 그런 지속적인 학문적 아이디어와 이 세상의 여러 문제를 향한 정력이 솟아나는지 가늠하기 어렵다.

어떤 사람들은 "촘스키 그분은 대단한 분이지만 표현력이 뛰어나진 않다"고 말하기도 한다. 이 말을 하는 사람들은 분명 촘스키의 전문적인 연구물을 읽기에 어려움을 느끼는 사람들, 주로 언어학을 전공하는 사람들일 것이다. 확실히 그렇다. 그의 전공 논문을 읽기는 매우 어렵다는 것이 중론이다. 그래서 어떤 학자는 "Chomsky 교수의 논문이나 저서를 읽을 때는 단순히 글자만 읽을 것이 아니라 반드시 행간을 읽어야 한다(read between the lines)"고도 한다. 그러나 글자 없는 행간을 읽기가 어디 그리 쉬운 일이던가? 더구나 촘스키는 "생존하는 가장 중요한 지성인(the most important intellectual alive 「The New York Times」)"이요, "생존하는 저술가 중 가장 많이 인용되는 저자(the most cited living author 「Chicago Tribune」)"이고, 나아가 국제적인 시사주간지인 Newsweek에 의하면 Galileo, Descartes, Newton, Mozart, Picasso와 같은 역사상 최고 수준의 천재들에 비유되는 사람이다. 그러니 필자 같은 초심자가 그의 저작에서 행간을 독파해내기란 사실상 불가능에 가깝다. 그러나 그럼에도 불구하고 한국인으로서 이렇게 '중국어 최소주의 생성문법 13강'이라는 제목을 달고 책을 내는 데는 것은 두 가지 목적이 있다.

첫째, 필자 자신의 재도약을 위해 그동안 공부한 것을 정리해야 할 필요성 때문이다. 사실 대학원 기간을 포함한다면, 필자는 약 28년 동안 전통문법의 구조주에 근거한 중국어문법을 연구했다. 그런데, 2014년 1학기 한국외국어대학교 대학원 영어학과의 김광섭 교수님의 '영어통사론1'을 청강하면서 큰 변화가 일어났다. 맛이나 대충 보고 가려던 것이 그만 발목을 잡힌 것이다. 게을러 예습복습도 못 했기에, 이해는 잘 안되었지만 너무 재미가 있었다. 그래서 다시 두 학기를 더 청강하고 나니, 이제는 생성문법적인 관점을 조금씩 적용하며 글쓰기가 가능해졌다. 그 사이 대학원 중어중문학과에서도 계속 생성문법의 최소주의 내용을 중심으로 강의하였다. 선생의 어설픈 말이지만 기쁘게 받아준 여러 학생들에게 미안함과 고마움이 동시에 든다. 이제는 만 5년이 되어가니 '서당 개가 풍월을 읊는 심정'을 이해할 것 같다. 그리고 공부한 내용을 요약하여 정리하고 한 우물을 파야할 것 같은 생각이다. 그 우물은 아마도 최소주의의 경동사이론(light verb theory)을 중심으로 고대와 현대를 아우르는 '중국어 어순문제의 우물'일 것 같다.

둘째, 제자인 중어중문학도들에게도 생성문법을 하는 재미를 잘 전달하고 싶기 때문이다. 경험상 생성문법의 '최소주의방안(the Minimalist Program)'으로 중국어 구(Phrase)의 도출(derivation)을 과학적으로 추구하는 것은 큰 재미를 준다. 이 재미에 근거해 '촘스키와 관련된 책은 어려워 피하고 싶다'라는 생각을 가진 학생들이 있다면, 그 생각을 180°로 확 바꿔주고 싶다. 누군가 생성문법은 어렵다고 말하지만, 한 번 입문해보시라, 취미를 붙여보시라. 그 재미에서 헤어 나오기 어려울 정도이다. 또 누군가는 생성문법학이 보이지 않는 것에 대해 말한다고 흉을 보지만, 세상에 안 보이는 것이 반 이상이라는 것을 그대는 왜 외면하려는가? 생성문법의 최소주의 방법론으로 사유하고 학문하는 것은 신나는 일이다. 나는 이런 개인적 경험을 학생들에게 전해주고 싶다. 이와 관련된 또 하나의 유익함은 생성문법의 최소주의적인 발상이 우리 뇌로 하여금 과학적인 '생각'을 하게 한다는 점이다. 우리가 날마다 구사하는 언어가 뇌 속에서 어떻게 만들어져 입 밖으로 나오는 것일까? 그것을 중국어에 적용하여 가설을 세우고 그것에 대해 증명하는 방법은 간단할수록 아름답고, 진리에 가깝고, 과학적이라는 생각이 든다. 인간을 언어적 종 특유(species-specific)의 존재로 만드신 창조주(Super Engineer)의 뜻을 생각하게 된다. 이 마음이 들 때쯤, 이 학문적 사유방식은 우리로 하여금 공부하는 것에 대해 본질적인 행복감에 젖게 한다.

이 책은 촘스키의 최소주의 문법과 관련된 '중국어 문법 교과서'이다. 교과서는 어려워서 안 되는 게 아니라 어렵게 해서는 안 되는 것이다. 이 책이 독자들에게 너무 쉬워 만만한 책이라는 소리를 들으면 좋겠다. 교과서는 모름지기 간결하고 명쾌하며 비록 어려운 내용이더라도 쉽게 설명해야 한다. 나는 이 책을 지으며, 오류가 없기를 바라나 역시 많은 오류가 있을 것이다. 또, 군더더기가 없기를 바라나 역시 군더더기가 있을 것이다. 또, 고집부리고 싶지 않으나 고집스런 주장들도 있을 것이다. 이는 모두 필자의 학문과 인격이 아직 미성숙하기 때문이며, 내일을 기약한다. 이 계통 연구자들의 차가운 비평과 따뜻한 격려를 동시에 부탁드린다. 이 한 권의 책이 나오기까지 가르침을 주신 존경하는 스승님들과 선배님들, 특히 김광섭 교수님, 대만칭화대학의 차이웨인티엔(蔡維天) 교수님, 그리고 동학과 제자들에게 감사를 전합니다. 따뜻하게 곁을 지켜주는 가족들에게 감사합니다. 무엇보다, 우둔한 자를 언제나 동일하게 받아주시는 하나님께 감사와 영광을 드립니다.

2018.8.2.
이문동 연구실에서
저자 삼가 씀

중국어 최소주의 생성문법 13강

목차

제1강 문장 짓기의 배경

본서의 제1강은 생성문법에 대한 이해의 편의를 위해 건축개념을 이용해 언어능력, 언어습득장치, 통사부의 운용 등에 대해 설명한다.

1. 언어능력

집을 지으려면 기본적으로 **토지·자금·인력** 등이 있어야 한다. 생성문법에서 이에 해당하는 것은 우리의 두뇌이다. 대뇌의 어느 영역에 존재한다고 믿어지는 **언어능력**은 문장의 집을 짓는 근원이다.[1] 그래서 우리는 모국어 습득이든 외국어 학습이든 불가능한 일이라고 생각하지 않는다. 이 천부(天賦)적인 재능은 인간만이 가지는 것이기에 학자들은 인간 종 특유(species specific)의 것이라고 한다. 촘스키는 이 천부적인 능력을 '언어능력(language faculty)'이라고 하고, 모든 인간은 '언어습득장치(Language Acquisition Device,

1) 특히 대뇌의 전두엽 중에는 부로카스 영역(Broca's area)이라고 하는 언어와 관련된 부분이 있고, 여기서는 입이나 혀 등 말을 하는 것과 관련된 근육을 조정하는 것으로 알려졌다. 따라서 이 부분이 손상을 입는다면 말을 할 수 없게 될 것이다.

LAD)'를 가지고 태어난다고 설명한다.

2. 통사부의 운용

집을 지으려면 기본적으로 토지·자금·인력 등이 있더라도 설계도에 따라 **건축자재**들을 잘 결합시켜야 한다. 그래야 건축주가 원하는 취향의 아름다운 건물이 완성될 것이다. 우리는 중국어 문장의 집을 지으려한다.

집을 지으려면 우선 건축 자재부서(/어휘부)에 연락해서 벽돌, 철공, 시멘트 등을 준비시켜야한다. 그리고 그것들을 건축현장(/통사부)으로 옮긴 다음 설계도에 따라 조합시켜 원하는 구조물을 만들고 최종적으로 감리를 받아야한다. 인간이 문장의 집을 짓는 과정도 마찬가지이다. 이와 관련된 촘스키(1995)의 견해를 보자.

촘스키(1995)는 문법 체계의 혁신을 도모하기 위해, 기존의 원리와 매개변인 이론 모델[2]을 기초로 '최소주의(The Minimalist Program; MP)'를 주창한다. 명칭 그대로 '최소주의'는 기존의 '원리와 매개변인'이론이 풀어야 할 여러

---

2) 1980년대 이후, 생성문법은 보편문법이 '원리(principles)'와 '매개변인(parameters)'이란 두 부분으로 구성된다고 가정해 왔다. 이 원리는 아래 표로 나타낼 수 있다.

UG (Universal Grammar) 보편문법	+	α (Parameter) 매개변인	→	PG (Particular Grammar) 개별문법

그림에서 보듯 보편문법과 매개변인의 상호작용에 따라 개별문법이 형성된다. 여기서 선천적인 보편문법 원리는 내적요인이고, 후천적인 언어 환경은 외적요인에 해당한다. 내적요인인 보편문법은 외적요인인 후천적 조건의 작용 하에서 개별언어(Particular Languages)에 상응하는 언어능력을 갖추게 된다. 선천적인 보편문법은 아이가 어떤 종류의 언어라도 배울 수 있다는 가능성을 말한다. 한편, 매개변인에 해당하는 후천적인 경험의 작용은 보편문법의 언어습득능력을 활성화시키고 개별언어의 능력을 실현하는 조건을 제공한다. 이에 대해 촘스키는 "보편문법이란 마치 여러 채널의 버튼을 가진 텔레비전과 같고, 개별문법이란 어떤 언어의 채널을 누르면 그 언어에 해당하는 프로그램이 방영되는 것"이라는 비유를 든다. 결국, 보편문법은 사람이 언어를 습득할 수 있는 가능성과 어떠한 언어를 배우더라도 공통적으로 따르게 되는 원리를 규정한다. 이에 반해 매개변인은 습득하는 언어의 구체적 형태와 다양성을 규정한다. 이 때문에 생성문법 체계를 '원리와 매개변인 이론(principles and parameters framework)'이라 부르기도 한다.

가지 숙제나 불합리하다고 여겨졌던 관점에 관한 반성, 새로운 각도에서 살펴야 할 문제점들을 제기한다. '최소주의'의 핵심은 문법학자들에게 주관적인 주장을 버리고, 과거에 제기된 가설을 재분석하여 간소화시키라고 촉구하는 데 있다.[3]

최소주의의 관점에 따르면, 언어능력은 언어 내적(language internal) 요소인 '인지체계(cognitive system)'와 언어 외적(language external) 요소로 구성된다. 인지체계는 다시 인간 언어의 '어휘부(lexicon)'와 '연산체계(computational system)'로 나뉜다. '어휘부'는 단어를 저장하고 단어의 속성을 표시하며, '단어의 구성(형태론)'을 담당한다. '연산체계'는 '통사부(syntactic component)'라 한다.[4] 이를 그림으로 나타내면 다음과 같다.

(1) 최소주의에서 통사부의 위치

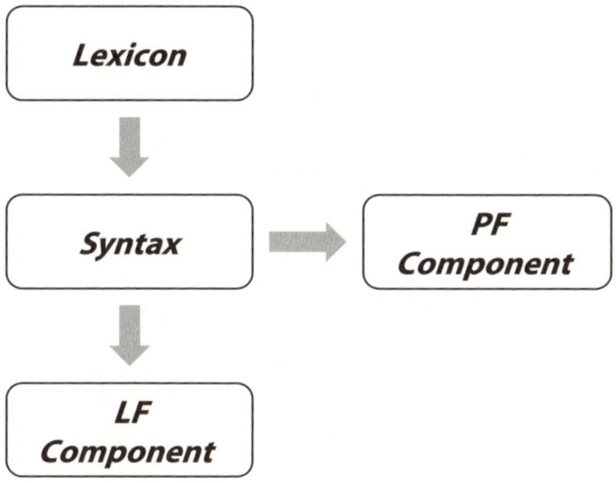

3) 따라서 최소주의는 1990대 중반에 갑자기 새롭게 생겨난 문법이론이 아니고, 1950년대에 Chomsky(1957)가 주창한 생성-변형 문법(Generative-Transformational Grammar)이 40여 년 간 계속 발전해온 결과 이루어진 문법이론으로, 역시 일종의 생성문법(Generative Grammar)이다. 최소주의의 궁극적인 핵심과제는 인간 언어는 창조주(Super Engineer)인 하나님의 언어설계 지침에 완전히 부합한다는 최소주의 가설(Minimalist Hypothesis)을 논증하자는 것이다. 양동휘(2003[2003]:11-13) 참조

4) 이것을 '협의의 통사부(narrow syntax)'라고도 부르는데, 중의적 해석이 생기지 않는 경우 본서에서는 '통사부(syntax)'라고 한다.

위의 시스템을 벽돌과 집의 관계로 설명해보자. 어휘부(Lexicon)는 마치 벽돌 공장이나 벽돌창고 같다. 통사부(Syntax)는 마치 벽돌을 조합하여 집을 짓는 공정 같다. 의미부(Logical Form, LF)는 마치 벽돌조합(도출된 말)에 있어 의미상 문제가 없는지 감리(監理)하는 기관 같다. 음운부(Phonetic Form, PF)는 마치 벽돌조합에 있어 음운적으로 문제가 없는지 감리하는 기관과 같다.

다시 통사부를 중심으로 한 아래 그림(2)를 보자.

(2) 통사부의 기능

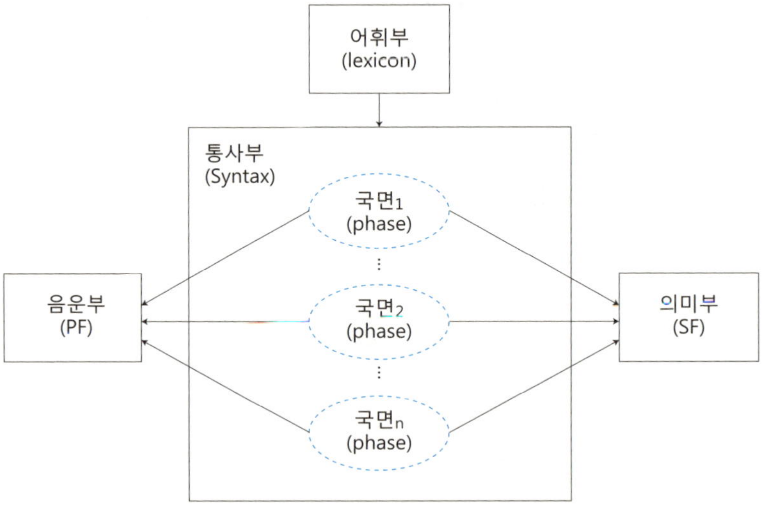

위 그림에서 통사부(Syntax)의 역할에 대해 알아보자.

통사부는 어휘부에서 필요한 단어를 추출하여 가져온 다음, 그 단어들을 재료로하여 구(phrase)를 만든다. 이때 단어를 결합하는 조작을 '병합(Merge)'이라고 하며, 이런 일련의 과정을 '도출(derivation)'이라고 부른다. '병합'은 통사부에서 사용하는 가장 중요한 조작으로, 통사구조를 형성하는데 필요한 수단이다. 이 병합의 중복사용은 인간 언어가 갖는 보편적 특징이자 보편문법의 핵심으로 '순환성(recursion)'이라 한다. 순환성은 인간언어에서만 보이는 고유한 속성으로, 인간만이 진정한 의미에서 '언어'를 구사할 수 있다는 증거이

기도 하다.[5]

통사부는 우선 하나의 소분류에서 단어를 선택하여 구로 결합하는데, 이 소분류의 단어를 다 사용하면 잠시 마무리를 지은 다음 다시 다른 소분류에서 단어를 선택한다. 이러한 각각의 소분류를 '국면(phase)'이라고 한다. 위의 그림에서 보듯 도출과정은 '국면'을 단위로 하여 '국면별 도출(derivation by phase)'을 진행한다. 위 그림은 통사부에서 일어나는 이러한 '국면별 도출'과정을 간단하게 도식화한 것이다.[6] 생성문법에서 말하는 언어능력은 이처럼 주로 통사부에서 이루어지며, 이 통사부는 계층구조(hierarchical structure)의 구를 만들고, 소리 및 의미와 관련된 것은 각각의 접합부(interface)인 음운부와 의미부로 전송되어 처리되고, 최종적으로는 언어 외적(non-language-dedicated faculty) 요소인 비언어능력 체계, 즉 언어수행체계(performance system)로 보내진다. 따라서 통사부야말로 언어를 구성하는 근간이라 하겠다.

'최소주의'는 두 가지 중요한 연구목표를 갖는다. 첫째는 언어학 이론의 간략화이고, 둘째는 인간이 언어를 어떻게 운용하는가를 탐구하는 것이다. 이 두 가지 목표는 모두 언어의 '경제성(economy)'이라는 중심사상에 근거한다. 언어의 '경제성'이라는 관점에 따르면, '언어는 간단하고 명료하다'는 특징을 가지므로 문법체계 역시 간략한 운용과 표현의 간략화에 관심을 기우려야 한다는 것이다.

이상 '문장의 집'을 짓는데 있어 촘스키(1995)의 견해는 대단하다. 우선 우리가 말한 자재부서는 그림의 (2)의 '어휘부'와 같다. 자재부에는 온갖 자재가 다 있다. 벽돌, 시멘트, 철골등 뿐만 아니라 심지어 거의 완성품이어서 가져다가 조립만하면 되는 자재도 있고, 어떤 자재는 투명해서 보이지도 않지만, 그 실체는 있어서 멋진 건축을 하는데 소용되는 자재도 있다. 건축의 현장격인 '통사

---

5) Hauser, Chomsky and Fitch(2002) 참고. 순환성의 구체적인 예는 본서 제7강의 3을 참조하라.

6) 통사부에서는 일정한 국면(phase)이 만들어질 때(예: vP, CP)마다 음운부와 의미부로 보내어 출력을 준비시킨다. 결국, 국면은 연산이 반복적으로 적용되는 순환단위(cycle)이다. 한편, 통사론의 주요한 주제는 계층의 '상하'관계를 밝히는 것이며, 이는 성분통어(constituent command; c-command, 统领)를 통해 확정된다.

부'는 더 기가 막힌 곳이다. 그곳은 경제성의 원리와 뇌 신경학을 비롯한 각종 과학적 힘이 작동하는 곳이다. 경제적이지 않은 것, 과학적이지 않은 것은 가차 없이 파탄(crash)되는 원리가 작동하는 공간이다. 그 작동원리와 과정은 치밀하다. 한꺼번에 너무 많은 것을 처리하다 어려움을 겪지 않도록 일정한 사이즈의 덩어리(국면: phase)를 만들어 감리부서, 즉 논리부(LF/LC)와 어음부(PF/PC)로 보낸다. 집이 다 지어져 감리를 통과하면 이제 부터는 건축현장(/통사부)의 일이 아니다. 이는 부동산 중계소에서 알아서 할 일이겠다.

그럼 샘플로 아래와 같은 간단한 중국어의 집을 지어보자.

(3) 당신은 밥을 먹었습니까?

우선 우리 대뇌에서는 어휘부(Lexicon)에 연락해서 건축 '자재'를 준비시킨다. 어휘부에서는 명령에 따라 수십만 개의 어휘나 자질 중에서 {당신, 밥, -은, 먹다, -었, -을, v(경동사),[7] -까, ?}에 해당하는 다음과 같은 것들을 선택할 것이다.

(4) {你, 饭, ∅(-은), 吃, 了, ∅(-을), ∅(v, 轻动词), 吗, ?}

위의 재료들이 건축현장인 '통사부'로 보내지면, 통사부에서는 일단 숨을 고른 다음 이들을 적당히 배열해본다.[8] 한 가지 조심해야할 것은 중국어 자재부서에서는 한국어 자재부서와 달리 '-는, -을' 등은 눈에 보이지 않는 자재를 쓴다는 것이다. 그래서 그것들은 굳이 발음하지 않아도 되는(none-spell out) 특징이 있다. 우리는 이것을 '∅'로 표시한다.[9] 그럼 문장이 어떤 절차에 따라 만들어지는지 그 대강에 대해 살펴보자.

---

7) 경동사란 동사구(VP)를 보충어로 택하여 사건의미를 부여하는 기능성 품사의 하나이다. 이에 대해 본서 제5강의 5와 제10강에서 자세히 다룬다.

8) 어휘부에서 추출한 단어는 잠시 '어휘배열(lexical array, LA)' 단계에 놓이는데, 여기에서 일정한 특징에 따라 여러 개의 하위 어휘배열(lexical sub-array)로 나뉜다고 본다.

9) 따라서 본서의 '∅'는 집합적으로 '없다'는 뜻이 아니라 '존재하지만 발음되지 않을 뿐'이라는 일종의 부호이다.

(5) '你吃饭了吗?'의 도출

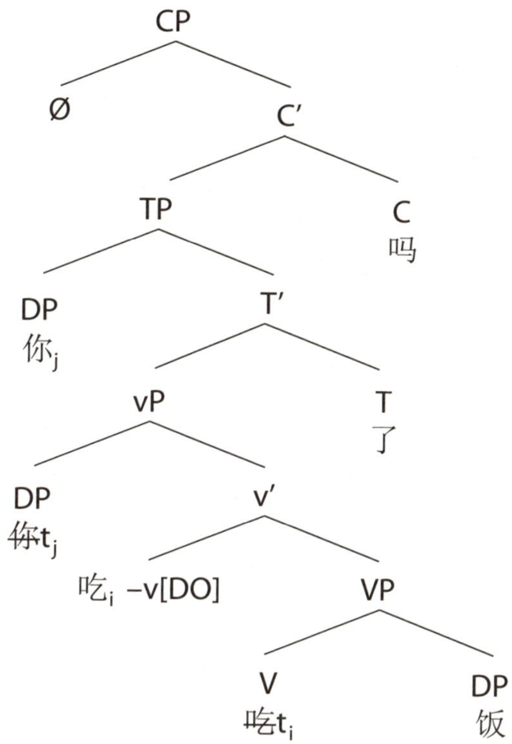

우리는 이런 그림을 수형도(diagram)라고 하며, 이를 통해 '你吃饭了吗'를 구성하는 단어들이 병합되어 도출되는 과정을 계층적으로 표시한다.

먼저 동사(V) '吃'는 자신의 보충어 '饭'과 병합하여 동사구(VP)로 투사되고, 한 계층 상위의 경동사(v)는 이 동사구와 병합하여 활동[DO]의 사건의미(eventuality)를 부여하며 경동사구(vP)로 투사되고, 다시 한 계층 위의 시제사(T) '了'는 이 경동사구와 병합하여 '과거'의 시제의미를 부여하고 시제사구(TP)로 투사되며, 다시 한 계층 위의 보문사(C) '吗'는 이 시제사구에 대하여 '의문(문)'이라는 문장의 타입을 결정해주며 보문사구(CP)로 최대투사(maximal projection)된다. 생성문법(generative grammar)은 이처럼 추상적인 부호시스템으로 언어의 공통적인 원리를 설명하고자 한다.[10]

---

10) 또, 명확한(explicit) 정의와 가설로 진위(眞僞)를 검증할 것을 요구한다. 한편, 지면을 아끼

결국, 우리의 대뇌에서 짓는 집은 다음과 같은 4층짜리 집이며, 그 '추상도'와 '설명도'는 다음과 같다.

(6) a. 추상도 b. 설명도

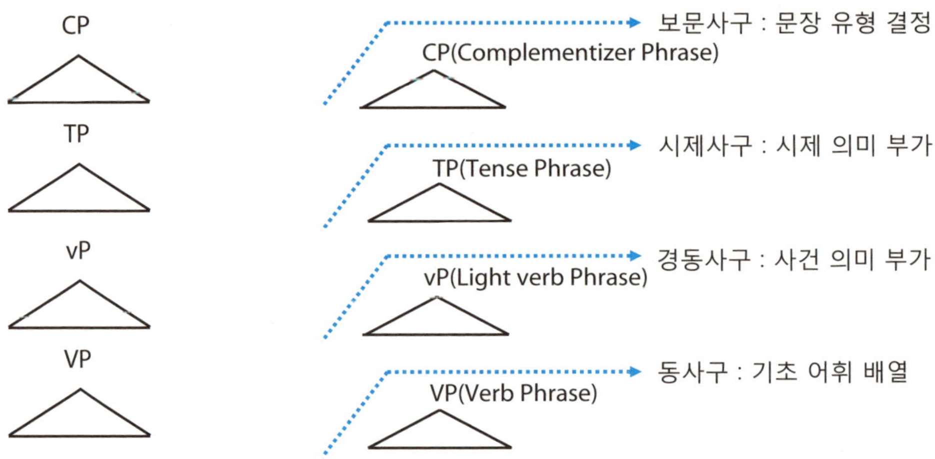

집은 1층(VP)부터 4층(CP)까지 차례대로 지어 올라가며, 각 층에서는 진정한 의미의 집(/문장)이 되기 위해 필요한 요소들을 차례대로 채워준다. 예를 들어, VP에서는 기초적으로 어휘를 배열하고, vP에서는 배열된 어휘들을 명제화하여 사건의미를 부여하며, TP에서는 vP에 대해 시제를 부여함으로써 담화현실과 연계시키며, CP에서는 TP에 대해 기능적인 타입(sentence type)을 결정해준다.

우리가 이 4층짜리 집의 도출과정과 원리를 이해한다면, 인간은 언어의 계층구조 속에 보이는 순환성(recursion)[11]을 이용하여 이론상 끝없이 높은 '빌딩'이라도 지을 수 있는 특별한 존재라는 사실을 발견하게 된다.

기 위해 수형도 대신 다음과 같은 표기법도 제안한다.
(5') [CP ∅[C' 吗[TP 你j[T' 了[vP 你tj[v' 吃i-v[VP 吃ti 饭]]]]]]]
이를 '표찰붙은 괄호(labelled bracketing)'라 하며, 이는 위의 수형도 (5)의 내용과 서로 등가이다. ※ t: trace(흔적) ※ 첨자 'i', 'j' 등은 동일 지시부호(인덱스)임

11) '순환성'에 대해서는 본서 제7강의 3에서 자세히 논한다.

제2강 자질

언어학에서 말하는 '자질(feature)'을 건축자재에 비유한다면, 건축의 '소재'가 되겠다. 벽돌의 소재만 보더라도 흙, 시멘트, 플라스틱, 금속 등 매우 다양하다. 또 골조도 나무나 철근뿐만 아니라 다양한 '자질'의 금속 혹은 비금속 소재를 사용할 수 있다. 문장의 '집'을 짓는 가장 작은 단위인 '자질'도 건축의 '소재'처럼 다양하다.

1. 정의와 속성

문장의 '집'을 짓는 차원에서 '소재'에 해당하는 것은 '자질(feature)'이다. 우리는 다음과 같이 자질을 정의한다.

(1) 자질은 문법시스템의 가장 작은 단위로, 모든 문법현상의 출발점이다.

여기서 두 가지 점에 대해 생각해보자. 첫째, '가장 작은 단위'란 무엇을 의미하는가? 둘째, '문법현상의 출발점'이란 무엇을 말하는가.

1.1. 최소 문법단위

제1강에서 어휘부(lexicon), 통사부(syntax), 의미부, 음운부등의 개념과 기능에 대해 말한 바 있다. 이들은 모두 언어, 구체적으로 문장을 생성해내는 각 공정의 일부라고 파악해도 좋겠다. 우리가 문장을 만들어낼 때, 공정상 어휘부에서 통사부로 들어가는 가장 작은 단위를 '자질(feature)'이라 한다.[1] 우리는 문법단위의 크기를 다음과 같은 순서로 정리할 수 있다.

(2) 문법단위의 크기

자질(feature, 特征) < 단어(word, 词) < 구(phrase, 短语)

위와 같은 순서는 전통문법에서 금과옥조처럼 말하는 '형태소(morpheme, 语素) < 단어(word, 词) < 구(phrase, 短语) < 문장(sentence, 句子)'의 순서와 다르다. 즉, 문장의 문법단위 중 가장 작은 요소와 가장 큰 요소에 대한 견해가 다르다. 여기서는 '가장 작은 요소'에 대한 견해 차이에 대해 생각해보자.

전통문법학의 관점에 따른다면, 가장 작은 문법단위는 '형태소'이며, 그 정의는 '음과 의미가 결합된 가장 작은 구조체'이다.[2] 그런데 이 정의가 맞다면, 실체는 있지만 음이 없는(/눈에 보이지 않는) 요소나 단어, 즉 '공범주(empty category)'의 문제를 어떻게 설명할 것인가? 다음 대화를 보자.

(3) A: 李四来了吗?	리쓰는 왔습니까?
B1: 李四来了。	리쓰는 왔어.
B2:. 他来了。	그가 왔어.
B3: e(/pro)来了。	e(/pro) 왔어.

---

1) 자질은 '음성자질(phonological features)', '의미자질(semantic features)', '형식자질(formal features)'등으로 나뉜다.

2) 《中学教学语法系统提要》(1984:2)는 "형태소는 가장 작은 음과 의미의 결합체이며, 가장 작은 문법단위이다(语素是最小的语音语义结合体, 是最小的语法单位。)"라고 정의한다.

A의 질문에 대해 대화자는 B1,B2,B3의 순으로 말할 수 있는데, 결국 B3처럼 '李四'를 말하지 않아도 되는 단계가 있다. 그러면 B3의 'e'자리에 아무것도 없는 것인가? 그렇지 않다. '李四'나 '他'는 표면적으로만 들을 수 없을 뿐 실제로는 보충 할 수 있다. 이러한 성분을 통사론에서 공범주라 한다. 즉, B3에서는 술어 '来了'앞에 하나의 공범주 주어('e' 혹은 'pro'를 사용하여 표시)가 있다. 의미적인 면에서, 이 공범주는 바로 '李四'를 지칭한다. 생성문법학은 공범주의 성질에 대해 많은 연구를 하여, 그것들이 확실히 자연언어의 문법에 존재한다는 것을 증명하였다.[3)]

공범주는 여러 종류가 있는데, 예문 B3와 같은 공범주를 '작은 영대명사(pro, 小零代词)'라고 하며, 그 문법적 성질은 '음운형태가 없는 주격(nominative)의 대명사'이다. 만약 눈에 보이고 발음되는 대명사 '他'를 형태소(이자 단어)라고 한다면, 그에 대응하는 작은 영대명사(pro) 역시 형태소(/이자 단어)이다. pro와 같은 공범주는 비록 어음형태가 없어 우리의 귀로 들을 수는 없지만, 명시적인 경우와 동일하게 의미와 문법적으로 기능을 발휘하기 때문이다. 이처럼 공범주가 문법에서 실제로 존재하는 실체라면, 우리는 어음이 없는 형태소를 받아들여야 하며, 이런 점에서 형태소를 '음과 의미의 최소결합체'라고 정의하는 것은 문제가 있다.[4)] 결국, 형태소는 단어 구성을 설명하는 차원에서는 매우 유용한 개념이지만 통사구조를 설명하는 데는 한계가 있다. 따라서 우리는 '자질'을 가장 작은 통사단위로 삼는다.

---

3) Huang(1982, 1984, 1987, 1989) 등 참조.

4) 이런 점을 반영한 탓인지 일부 언어학 교재에서는 단순히 의미로부터 형태소의 정의를 내린다. 관련된 내용에 대해 邓思颖(2010:23)을 재인용하면 다음과 같다. (1) Morpheme: the smallest unit of language that carries information about meaning or function(의미나 기능의 정보를 지니는 언어의 가장 작은 단위). O'Grady, Dobrovolsky and Aronoff(1997: 265). (2) Morpheme: the smallest unit of grammatical structure(문법적 구조의 가장 작은 단위). Radford(1997: 265). (9) Morphemes...are units of meaning and they cannot be decomposed into smaller units with identifiable meaning(형태소 …는 의미의 단어들이고 그들은 인식 가능한 더 작은 의미의 단위로 나눠 질 수 없다.). Haegeman(2006: 38). (3) Morpheme: smallest units of linguistic meaning or function(언어적, 의미 또는 기능의 가장 작은 단위). Fromkin, Rodman and Hyams(2007: 553).

1.2. 문법현상의 출발점

단어는 음운, 의미, 형식(문법)자질들의 복합체이다. 이중 통사부에서 가장 중시하는 자질은 바로 '형식자질'이다. 형식자질만이 통사부에서 어떤 구조체를 만드는 조작을 발생시키는 힘을 가지기 때문이다. 이처럼 '형식자질'은 각종 문법현상을 일으키는 본질이자 출발점이다. 다음 예를 보자.

(4) 张三很喜欢李四。	장싼이 리쓰를 좋아한다.
(5) 李四$_i$, 张三很喜欢 t_i 。	리쓰$_i$는 장싼이 좋아한다.

예(5)는 중국어의 화제구문으로, 예(4)로부터 온 것이다. 즉, '李四'가 목적어의 위치에서 문두로 이동하여 화제(topic)가 되고, 남은 '张三很喜欢'은 '진술(comment)'이 된다.[5] 예(5)에서 '李四'는 이동의 대상이며, 이동의 동기는 심리적인 것이다.[6] 따라서 이동이라는 수단을 사용하는 것은 문장이 발음(/문자화, Spell out) 될 때, '화제-진술'이라는 틀(frame)을 구성하기 위함이다. 즉, 어떤 한정적인 명사구를 문두에 배치함으로써 화제화시키는 수단이 화제화 '이동'인데, 이러한 이동을 일으키는 출발점이 바로 화제핵(TOPIC)이 가지는 모종의 형식자질이다. 즉, 우리 머릿속에 어떤 한정적인 명사구를 화제화(topicalization)시키려는 의도가 있다면, 통사부에서는 화제사 핵을 설정하게 된다. 또, 이 핵은 화제화시키려는 논항을 화제구의 지정어(TopP-Spec) 자리로 이동시키려는 확대투사원리(Extended Projection Principle)를 만족시키는 확대투사자질(EPP feature)을 가진다. 이처럼 화제화뿐만 아니라, 각종 문법현상도 그에 상응하는 형식자질 때문에 발생한다. 이에 대해 좀 더 구체적으로 살펴보자.

---

5) 沈家煊은 'comment'를 '评述(Crystal, 2000)'로, 徐烈炯·刘丹青(2007)은 '述题'라고 번역한다. 본서는 한국 학계에서 일반적으로 쓰는 '진술'로 번역한다.

6) 화제어의 문두 출현은 초점(focus), 신정보(new information), 구정보(old/given information) 등과 같은 의미·화용상 화자의 심리적 요구를 만족하기 위함이다.

2. 형식자질

건축에 있어 여러 자재들을 결합시켜 최종적으로 건물을 짓듯, 문장의 '집'을 지을 때도 여러 자재들을 결합시켜 구조화시킨다. 그 출발점이 바로 '자질(feature)'이다. 우리는 통사론적 관점에서 이러한 자질을 '형식자질(formal features)' 혹은 '문법자질'이라 한다. 중국어 단어 '牛(소)'를 예로 살펴보자.

(6) 소(牛)의 자질

a. 음운자질: [설첨중비음], [비원순고원음], [원순고원음], [제2성]

b. 의미자질: [포유동물], [뿔이 있음], [꼬리가 있음], ……

c. 형식자질: [+ 명사성]

예(6)에서 보듯, 음운자질에 해당하는 부분은 'niú'(중국어 병음)로 그 표현이 간단하다. 그 조음(造音) 위치와 방법을 간단히 묘사해주면 그만이다. 또 형식자질도 [+ N]으로 역시 간단하다. 그러나 의미자질은 다르다. 우선 '포유동물이고, 몸이 크고, 한 쌍의 뿔이 있고, 꼬리 끝에는 긴 털이 나있고, 힘이 세고, ……'[7] 등등으로 매우 복잡하며, 주관적인 관점에 따라 계속적으로 나열될 수 있다.

위에서 살펴본 바와 같이, 어휘부에서는 '소(牛)'에 대해 음운자질, 의미자질, 형식자질의 모든 자질을 포함한다. 그러나 건축현장에 해당하는 통사부에서 진정으로 관심 가지는 것은 자재들을 어떻게 구조화시키느냐이다. Chomsky(1995)에 의하면 형식자질만이 통사부에 사용되어 연산(/계산)에 적용된다. 즉, 형식자질은 통사적 운용(건축자재들을 당기고 이동시키는)[8]의

7) 《现代汉语词典》(第五版), 商务印书馆(2005:1002-1003).

8) 여기서 '당기고'와 '이동시키는'의 의미는 다음 내용을 말한다. 즉, 어떤 구조의 형성은 V, N과 같은 실사 핵(substantive head, SH)과 시제사(T)나 보문사(C)와 같은 기능 핵(functional head, FH)의 선택자질(selectional feature)을 만족시키는 결과로 이루어진다고 본다. 한편, 이동은 기능 핵의 비해석성 자질(uninterpretable features)과 확대투사 자질을 만족시키는 결과로 발생한다고 본다. 양동휘(2003[2003]:77) 참조 및 인용.

동기를 부여함으로써, 병합(merge)을 강요하는 출발점이다.

Chomsky(1995)에서 가정되는 단어의 자질에는 크게 음운부에서 해석되는 음운자질, 논리부에서 해석되는 의미자질, 그리고 통사부(Syntax)의 운용과 관련된 형식자질이 있다. 형식자질에는 범주자질(category feature), Φ-자질(phi feature), 격자질(case feature) 등이 있다. 본서는 형식자질에 대해 김랑혜윤(2006[2005]:37-64)을 참고로 다음과 같이 분류한다.

(7) 형식자질의 분류(1)

형식자질의 유형		
범주자질	Φ(파이)자질	격자질
동사성[+V], 명사성[+N]	성, 수, 인칭	주격, 목적격

형식자질은 또 해석성(interpretable) 여부에 따라 다음과 같이 나눌 수 있다.

(8) 형식자질의 분류(2)

해석성 자질	비해석성 자질
범주자질	격자질
명사의 Φ자질	동사나 형용사의 Φ자질
	접사자질
	강자질

한편, 형식자질은 그 강도에 근거하여 '강자질'과 '약자질'로 분류할 수 있는데, 강자질이란 음운부에서 충돌을 일으키기 때문에 반드시 문자화 이전에 점검(checking)을 통해 삭제(deletion)되어야 하는 자질이다. Chomsky(1995)는 문자화 이전의 가시적 이동원인이 강자질(strong feature)[9]에 의한 것이라고 본다.

9) 강자질이란 T핵이나 C핵 등이 가지는 자질로 음운부에서 충돌을 일으키기 때문에 문자화 이전에 점검을 통해 반드시 삭제되어야 하는 자질이다. Chomsky(1995-3장) 참조. 영어는

(9) 형식자질의 분류(3)

가시적 이동 동인 자질
EPP 자질

우리가 문장의 집을 지을 때, 사전으로부터 선택된 어휘 항목들의 집합인 배번 집합(numeration)의 어휘항목이 다 소요되어 한 국면이 완성됨을 나타내는 경동사구(cvp), 보문사구(cp) 및 주격을 부여하는 시제사구(Tp)의 핵은 EPP 자질을 가지며, 이 자질은 가시적 이동을 유발하는 강자질로 분류된다.[10]

3. 자질점검

비 해석성 형식자질은 구조 성분 간의 일치와 점검(Agreement and Feature Valuation)을 통해 삭제되어야한다. 다음 대화에서 B문장의 도출과정에서 보이는 자질점검에 대해 살펴보자.[11]

(10) A: What happened to the protestors?

B: They were arrested.

(7)-(8)의 자질분류에서 보듯, 명사의 범주자질이나 Φ-자질은 해석성 자질이고, 격자질은 비해석성 자질(u-Case)이다. 이 말은 (10)B의 도출(derivation)이 시작될 때, A의 명사 표현인 'the protestors'의 Φ-자질인 인칭, 수 등은 해석성(/아는 것)이고, 격자질(Case-feature)은 비해석성(/모르는 것)이라는 말

의문사구의 경우 비해석성 보문사(C)가 가지는 비해석성 강자질 Q는 해석성 자질 wh-의 이동을 통해 반드시 점검되어야 한다. 이로 인해 의문사가 문두로 이동한다.

10) 김랑혜윤(2006:51) 참조. 특히 시제사(T)가 가지는 확대투사자질(EPP feature)은 주격(nominative case)을 부여받는 성분에 대한 이동을 유발하는 강자질(strong feature)이다.

11) Andrew Radford(2012[2004]:284-287) 참조

이다. B의 THEY와 BE의 자질 상황은 다음과 같다.

- THEY → [3-Pers, Pl-Num, u-Case]
- BE → [Past-Tns, u-Pers, u-Num]

위의 설명대로 THEY의 격은 알 수 없고(u-Case), BE의 인칭(u-Pers)과 수(u Num)도 알 수 없다. 이들은 모두 자질점검을 통해 해석되어야 한다. 그러면 (10)B 'They were arrested.'의 도출과정을 수형도로 보자.

(11) 'They were arrested.'의 도출에서 보이는 자질점검(1)

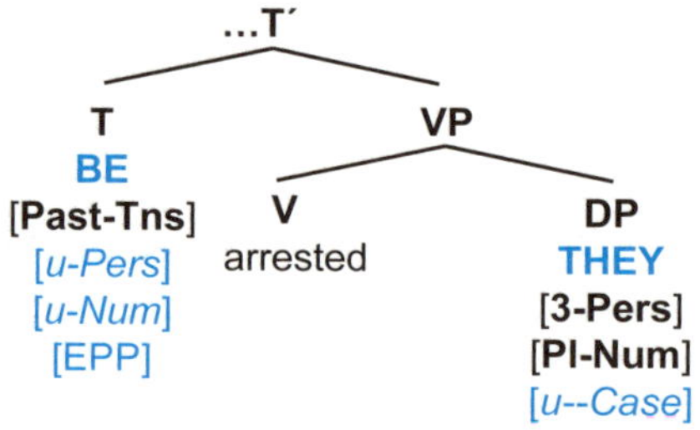

수형도는 동사구(VP)가 시제사구(TP)로 투사되는 중간투사(intermediate projection, T′) 과정이다. 이 수형도에서 점검되어지지 않은 자질들(Unvalued features)을 찾아보자. 이들은 점검되기 전에는 어떻게 발음(/문자화)해야 할지 알 수 없다. 따라서 반드시 점검되어야 한다. 즉, 비해석성 자질들(Uninterpretable features)인 'u-features'는 논리부(LF)에서 해석적 역할을 할 수 없으므로 반드시 점검되고 삭제(deletion)되어야 한다.

이제 위의 수형도가 최대투사(maximal projection)된 다음 수형도를 보자.

(12) 'They were arrested.'의 도출에서 보이는 자질점검(2)

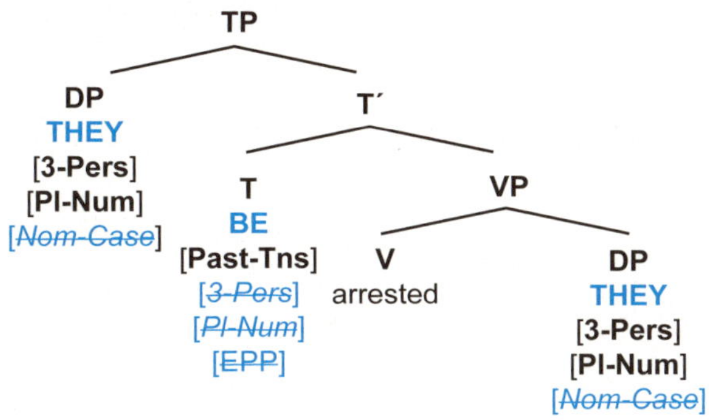

먼저 동사의 보충어로 쓰인 'THEY'의 자질들을 복사(copy)하여 'BE'의 자질들을 점검하고 삭제한다. 이를 통해 'BE'의 인칭과 수가 확정된다. 따라서 2인칭 과거형인 'were'로 확정된다. 또, 시제사(T)로서 'BE'가 가지는 확대투사자질(EPP feature)을 점검하기 위해 구조체내의 한정사구(DP)를 시제사구의 지정어(TP-Spec) 자리로 논항이동(A-movement)시킨다. 대상 논항은 'THEY' 뿐이다. 이 '확대투사'를 통해 'THEY'는 자신의 비해석성 자질인 u-Case가 점검받는다. 따라서 그것은 주격을 부여받아 'They'로 확정된다. 이상의 연산 과정을 통해 'They were arrested'는 시제사구(TP)로 최대투사된다. 위에서 보다시피 이 모든 작동은 형식자질들에 대한 점검 차원에서 발생한다. 이처럼 '형식자질'은 선택(slect), 부합(match), 일치(agree), 병합(merge)등의 통사적 연산(computation)을 가능하게 하는 문법시스템 상의 최소단위이며, 그 출발점이다. 즉 일정한 문장을 이루는 단어들의 조합에 있어 활성화 물질인 비해석성 자질(u-feature)이 전부 해석되면, 해당 구조체는 경동사구(vP) 혹은 보문사구(CP)라는 비교적 고정적인 국면(phase)을 이루어 음운부(LF)와 의미부(PF)로 송출되고, 여기서 점검이 끝나면 입 밖으로 출력되어, 우리가 듣고 이해할 수 있는 '문장(/발화체)'이 된다.

중국어 '문장의 집'도 기본적으로 동일한 과정을 거쳐 지어진다. 우선 자질점검의 이해 차원에서 시제사구(TP)와 화제사구(TopP)의 도출에서 공통적으로 보이는 확대투사자질의 점검양상을 보자.

(13) a. 我喜欢汉语句法学。(나는 중국어 통사론을 좋아한다.)

b. 汉语句法学$_i$, 我喜欢 t_i 。(중국어 통사론은, 내가 좋아한다.)

짐짓는 절차를 알아보기 위해 먼저 b에 대한 수형도를 보자.

(14) '汉语句法学$_i$, 我非常喜欢 t_i 。'의 도출

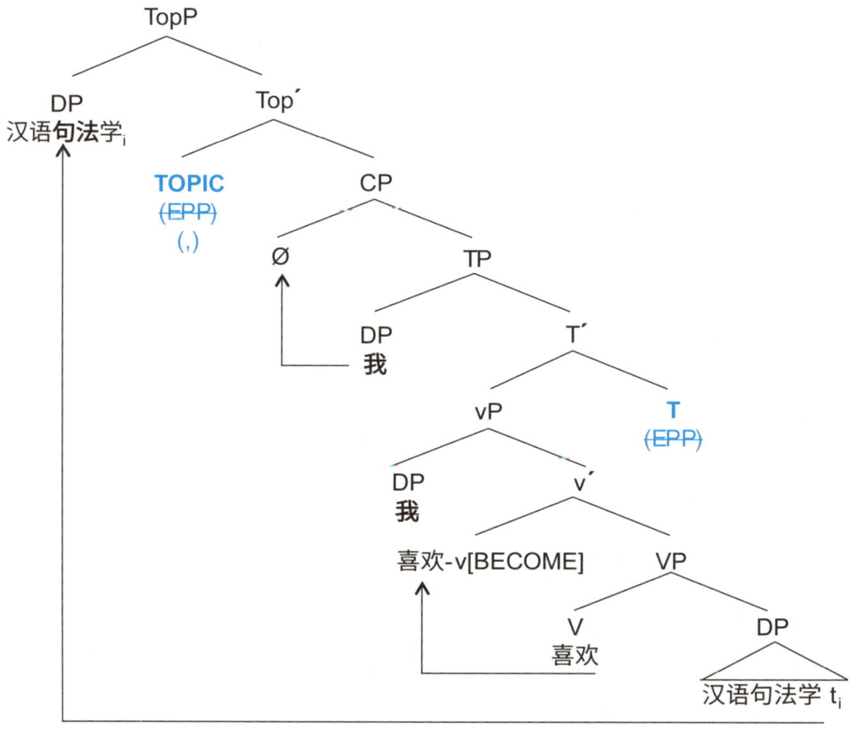

위 수형도에서 주어 '我'는 시제사(T)의 EPP 자질점검을 위해 경동사구의 지정어 자리에서 시제사구의 지정어(TP-Spec) 자리로 이동한다. 즉, 시제사핵(T)의 확대투사자질(EPP feature) 점검으로 인해 '我'의 이동을 유발하고, '我'는 이를 통해 주격(subjective)을 부여받는다. 또, 화제구의 지정어(TopP-Spec) 자리에 있는 '汉语句法学$_i$'도 동사핵의 보충어 위치에서 흔적(t_i)을 남기

고 이동한다.[12] 이 역시 화제핵(TOPIC)의 EPP 자질 점검을 위해서이다.

이상을 통해서 보듯, 중국어에서 시제사의 한정사구(DP)에 대한 주격부여 및 화제화 이동변형의 출발점 역시 '형식자질의 점검'에서 비롯됨을 알 수 있다.

---

12) 이러한 현상을 화제화(topicalization)라 한다. 화제화는 화자가 어떤 내용을 진술의 대상으로 삼고 싶을 때, 그것을 문두에 배치시키는 언어조작 행위의 하나이다. 이 과정에서 보이는 자질점검 양상은 화제핵(TOPIC) 속에 있는 모종의 자질, 즉 EPP 자질점검을 만족시키기 위한 것이다. 즉 목적어 위치에 있던 '*汉语句法学*'를 문두로 이동시켰다. 't_i'는 그 흔적(trace)이며, 의미를 해석할 때는 이곳에 '*汉语句法学*'를 넣어서 해석한다. 중국어는 특징적으로 인칭, 수, 시제 등에 있어 형태변화를 일으키지 않는 언어이다. 그러나 동사핵의 경동사 위치로의 이동, 보충어 혹은 지정어 위치의 논항들이 보이는 이동 등은 역시 형식자질들의 점검을 위해 연산이 일어난 결과이다. '화제화'에 대해서는 본서 제13강의 5를 참고하라.

제3강 단어

‘단어(word)’란 무엇인가? 비유하자면, ‘단어’는 마치 문장의 집을 짓는 벽돌 같다. 건축물을 잘 쌓아 올리기 위해 이 벽돌들의 속성을 잘 이해해야 한다. ‘소재’에 따른 벽돌의 종류가 매우 다양하기 때문이다. 단어에 대해 알아보자.

1. 정의와 속성

단어는 그 구조, 크기, 속성등에 따라 매우 다양한 정의가 가능하다. 우리는 제2강에서 언급한 ‘자질’에 근거하여 다음과 같이 정의한다.

(1) 단어(word)는 **자질 집합체(Feature Inventory)**이다.

‘자질 결합체’란 무슨 말인가? 단어는 여러 자질들로 구성된 복합체라는 말이다. 그렇다면 단어 속에는 어떤 자질(/정보)들이 들어있을까? 그 속에는 다음과 같은 여러 종류의 자질과 정보들이 저장되어있다.

(2) 단어 속에 저장되는 자질과 정보

[단어]
a. 음운자질(phonetic features) b. 범주자질(category features) c. 의미자질(semantic features) d. 격자질(case features) e. 일치자질(agreement features) f. 어휘의미 g. 내용어/기능어

그렇다면 단어 'dog'의 자질 및 정보들을 들여다보자.

(3) dog의 자질과 정보

[(a) /dɔ(:)g/, (b) N(명사), (c) 논항, (d) 주격(nominative case)/목적격(objective case), (e) 단수(singular), 3인칭(3rd person), (f) (의미: 개), (g) 내용어]

단어 'dog'는 (b)-(e)등의 자질과 정보에 근거하여 명사로 구분한다.
다시 단어 'ate'의 자질과 정보를 들여다보자.

(4) ate의 자질과 정보

[(a) /eit/,
(b) V(동사),
(c) 술어,
(d) 격(∅),
(e) 과거(past),
(f) (의미: 먹다),
(g) 내용어]

단어 'ate'는 (b)-(e)등의 자질과 정보에 근거하여 동사로 구분된다.

이상의 내용에 근거한다면, dog와 ate의 자질과 정보중 (a)와 (f)-(g) 등은 단어의 통사적 특성에 영향을 미치는 요소가 아니다. 주지하다시피 전통문법에서는 단어의 정의에 대해 기능차원에서 '독립적으로 운용될 수 있는 최소의 문법단위'라고 정의한다. 그러나 본서는 이상에서 논의된 내용을 기반으로 '단어는 자질 집합체'라고 정의한다. 결국, 이 정의는 단어가 문법적인 자질([인칭], [성], [수], [상], [양상], [형태격], [구조격], [범주]) 등뿐만 아니라 의미적인 자질([서술어의 유형], [논항], [한정성/비한정성], [가산/불가산]) 및 음운적인 자질[1] 등을 모두 포함하는 복합적인 존재임을 말한다.

2. 분류의 근거

전통문법에서 말하는 단어의 분류 중 '품사'란 단어의 분포와 기능에 따른 분류이다. 라틴문법의 전통 아래 품사분류는 유구한 세월 동안 금과옥조처럼 받들어져 왔다. 혹자는 그 수를 늘이고 혹자는 그 수를 줄이면서 말이다. 이제 그 수를 최소로 줄여서 문제가 되지 않는다면 최소주의 관점에 어울리는 일이다.

---

1) 단어가 음운자질을 가지지 않는 경우, 즉, 비명시적인 한정사자질(D), 확대투사자질(EPP feature), 영대명사(pro/PRO), 공범주 등도 단어로서 똑같이 중시되어야 한다.

2.1. 범주자질

무엇에 근거하여 단어를 분류할 것인가? 전통문법학에서의 기준은 주로 단어의 의미와 기능이다. 그런데 이런 분류는 하나의 단어가 복수적으로 가지는 의미와 기능의 혼재성 때문에 깨끗하게 분류하기가 어렵다. 특히 의미에 따른 단어분류는 끝없는 분류의 연속이 될 소지가 크다. 이에 우리는 형식(/문법)자질의 하나인 범주자실(category feature)에 근거하여 다음과 같이 두 부류로 분류한다.

(5) 단어는 그것의 범주자질에 근거하여 **[+ N(명사성)]** 품사와 **[+ V(동사성)]** 품사로 나뉜다.

'범주자질'에 따라 단어를 분류할 때의 장점은 무엇인가? 그것은 의미에 따른 단어분류의 복잡성을 한 방에 제거할 수 있다. 범주자질은 본질적으로 단어의 의미와 관련이 없기 때문이다. 범주자질에 따라 분류된 [+ N(명사성)]과 [+ V(동사성)]은 품사범주에서 나타나는 기본적인 형식자질이다. 이는 통사부에서의 연산에 필요한 자질이다.[2] 이러한 [+ N] 형식자질과 [+ V] 형식자질은 '명사'와 '동사'의 두 가지 품사를 각각 만들어 낸다.

그런데 모든 단어들을 [+ 명사성] 형식자질과 [+ 동사성] 형식자질의 두 가지 잣대로만 구분할 수 있을까? 다음 표를 보자.

(6) [+ N]과 [+ V]에 따른 품사 분류와 그 중간 상태

	명사(N)	$?_1$	$?_2$	동사(V)
[+ N] 자질	+	+	-	-
[+ V] 자질	-	+	-	+

2) 이 두 가지 형식자질을 [+ nominal]과 [+ verbal]로도 표현할 수 있으며, [+ N]과 [+ V]로 약칭한다. 중국어 전통문법에서는 지시 범위차이가 있기는 하지만, 전자를 '체언(体词)'으로, 후자를 '용언(谓词)'으로 명명한다.

표에서 '?₁'의 경우처럼 명사와 동사의 속성을 공유하는 단어도 있겠다. 이에 속하는 단어의 예를 '民主, 科学, 理想, 中国, 香港' 등으로 설정하고 다음 예를 보자.

(7) A: 你看, 这件衣服穿得怎么样? (이봐, 이 옷 입은 거 어때?)
B: 真不错, 很**中国**! 不过……。(좋아, 아주 중국적이야! 그러나…….)
A: 不过什么? (그러나 뭐?)
B: 你这张脸实在是很**外国**。(네 얼굴은 사실 아주 외국적 (스타일)이야.)

(7)의 '中国'나 '外国'에 대해 명사로 처리하는 데 부담이 없을 것이다. 그러나 위 예에서 이들은 정도부사 '很'의 수식을 받아 술어로 쓰인다. 어떻게 그 이유를 설명할 것인가? 결국, 이 단어들은 [+ N] 자질 뿐만 아니라 [+ V] 자질, 즉 술어가 될 수 있는 소위 형용사의 성격도 가지기 때문이다.[3)]

명사와 동사라는 이 두 가지 품사의 구분은 형식자질의 차이에 근거하는 것이다. 또, 이렇게 분류된 품사는 기능상 일정한 특징을 보인다. 명사성 품사는 주로 사물을 나타내는 '지칭 기능'이 있다. 동사성 품사는 주로 동작, 행위, 변화등을 나타내는 '진술/서술 기능'이 있다. 다음 예를 보자.

(8) 小李来了。 샤오리가 왔다.

명사성 품사가 나타내는 지칭은 '什么(무엇)'와 '谁(누구)'로 질문할 수 있다. 동사성 품사가 나타내는 진술은 '怎么样(어떻게)'으로 질문할 수 있다. 즉, 위의 예문에서 '小李'는 '谁(누구)'를 사용하여 '谁来了?(누가 왔는가)'로 질문할 수 있다. 한편, '来(오다)'는 '怎么样(어떻게)'을 사용하여 '小李怎么样了?(샤오리는 어떻게 되었는가?)'로 질문을 할 수 있다. 이 기준을 통해 판단한다면 '小李'는

---

3) 또 다음 괄호 부분의 단어가 보이는 성격도 위와 같다.
a. 东风桥头市场也有点[国际], 而且很不[中国]。
b. 她太不[教条]了,根本不接受老师灌输给她的理论。
c. 不再[幼稚]也不再[书生],人也野了,话也粗了。

[+ N] 형식자질로 이루어진 명사로 지칭 기능을 가진다. 또 '来'는 [+ V] 형식자질로 이루어진 동사로 진술 기능을 가진다.

명사성 품사와 동사성 품사는 범주자질에 따른 단어의 두 큰 분류이므로, 단어의 구체적인 양상에 따라 더 작게 분류할 수 있다. 즉, 어떤 단어들은 대상, 사물 등을 나타내는 지칭성 기능을 가지지 않지만, 명사성 품사와 밀접한 관계가 있다. 이런 점에서 '구별형용사'나, 명사로부터 변화된 '양사'도 역시 명사성 품시로 친다. 같은 이유로, 일부 단어는 동작, 행위, 변화 등 진술의 기능을 가지지 않지만, 동사성 품사와 긴밀한 관계가 있다. 즉, '어기조사'나 '전치사' 등도 동사성 품사의 하나로 친다. 본서는 중국어 단어에 대해 문법적 친소관계(누구와 함께 출현하는가)에 따라 다음과 같이 하위분류한다.

(9) 범주자질에 의한 단어의 분류[4)]

범주자질	단어의 하위분류
명사성 품사(+N)	명사, 비술어형용사, 양사, 수사, **한정사**
동사성 품사(+V)	동사, 형용사, 부사, 전치사, **경동사**, 어기조사, 접속사, **시제사, 보문사**

표에서 [+ N]에 속하는 '한정사'나 [+ V]에 속하는 '경동사', '시제사', '보문사' 등은 전통문법에서 말하지 않던 품사들이다. 이들에 대해서는 뒤에서 개별적으로 설명할 것이다.

2.2. 의미와 기능

단어는 의미의 실재성 유무에 따라 '내용어(lexical/content words)'와 '기능어(functional words)'로 나뉜다. 내용어는 묘사적, 서술적 정보(예: 명사

4) 이는 전통문법학에서 단어를 체언(体词)과 용언(谓词)으로 나누는 견해와 유사하나 그 분류의 내용은 적잖이 다르다.

(N), 동사(V), 형용사(A), 전치사(P))를 전달한다. 반면, 기능어는 문법적 정보를 전달한다.

단어는 또 [기능성(+F)] 자질과 [비기능성(-F)] 자질에 따라 나뉜다. 즉, 위에서 말한 내용어(어휘성 단어)는 [- F] 자질을 가지며, 기능성 단어는 [+ F]자질을 가진다. 기능성 단어의 이해를 위해 Abney(1987)의 설명을 보자.

(10) 기능성 단어의 특징

a. 기능성 단어는 폐쇄적인 종류이다.

b. 기능성 단어는 음운적, 형태적으로 독립성이 결여된다.

c. 기능성 단어는 오직 하나의 보충어를 선택하며, 해당 보충어는 논항이 아 니다.

d. 기능성 단어는 흔히 뒤에 있는 보충어와 분리할 수 없다.

e. 기능성 단어는 의미 설명 기능이 결핍되며 주로 문법관계를 나타낸다.

a와 관련하여, '폐쇄류(closed class, 封闭类)'의 단어는 기본적으로 그 수가 비교적 고정되어 있고, 임의로 새로운 단어를 만들 수 없다. 이런 점에서 우리는 중국어의 대명사를 단순한 지시와 한정의 기능을 가지는 기능성 단어로 보며, 한정사(D)라고 부른다. 즉, '我, 你, 他' 등은 폐쇄류에 속한다. 반면 내용어(/어휘성 단어)에 속하는 명사와 동사는 개방류(open class, 开放类)이다. 이에 속하는 명사와 동사는 시대와 장소의 변화에 따라 임의로 새로운 단어가 계속 출현한다.

b와 관련하여, 음운면에서 독립성이 결핍된 기능성 단어는 강세를 받지 않으며, 형태적인 면에서 부착형식(clitic, 附着形式) 혹은 접사(affix), 심지어 공범주로 형식으로 나타난다. 이런 점에서 기능성 단어에 속하는 중국어 시제사(예: 了$_2$, 来着)와 보문사(어기조사의 일부)는 경성으로 발음되며, 형태적인 면에서 절에 부착된다. 반면, 어휘성 단어에 속하는 명사와 동사는 본래 성조로 읽으며, 형태적인 독립성이 강하다.

c와 관련하여, 기능어는 자신의 보충어와 논항관계를 가지지 않으므로 의미역을 할당하지 못한다. 이런 점에서 중국어의 동사나 전치사는 자신의 보충어

논항을 가지며, 그 논항에 대해 의미역을 할당하므로 기능어라고 볼 수 없다.[5]

d와 관련하여, 기능성 단어는 자립성이 없으므로 자신의 보충어와 들러붙어 분리되지 않는다.

e와 관련하여, 기능성 단어는 '묘사의 의미(descriptive content)'가 없다. 즉, 기능성 단어인 시제사 '了$_2$, 来着'와 보문사로 쓰이는 '吗' 등은 일종의 문법 관계만을 나타낸다. 반면, 어휘성 단어인 명사 '书'는 '책'이라는 실재적인 존재물을 표시하며, 동사 '读'는 '읽다'라는 구체적인 동작이나 행위를 표시한다.

어휘성 단어와 기능성 단어는 각각 중국어 전통문법학에서 말하는 '실사(实词)', '허사(虚词)'와 비슷해 보이나 그 구체적인 이해와 분류는 다르다.[6] 본서는 단어에 대해 범주자질과 기능성 유무에 근거하여 다음과 같이 분류한다.

(11) 범주자질과 기능성 유무에 따른 단어의 분류[7]

범주자질	내용어/기능어	단어의 하위분류 결과
명사성 품사(+N)	내용어(-F)	명사, 비술어형용사
	기능어(+F)	양사, 수사, **한정사(D)**
동사성 품사(+V)	내용어(-F)	동사, 형용사(/정태동사), (대부분)부사, 전치사
	기능어(+F)	(일부분)부사, 어기사, 접속사, **경동사(v), 시간사(T), 보문사(C)**

단어가 내용어와 기능어로 나뉘지만, 이 두 부류 역시 칼로 무 자르듯 나뉘는 것은 아니다. 길게 보면 이 두 부류는 하나의 연속선상에 있다.

---

5) 이는 생성문법학에서 전치사를 내용어로 보는 근거이다. 영어에서도 전치사 'to'나 'on'은 자신의 보충어 논항에게 각각 <수혜자>, <장소> 등의 의미역을 할당한다.

6) 특히 명사성 단어인 '대명사, 수사, 양사', 동사성 단어인 '형용사, 부사, 전치사' 등에 있어 기능성 유무에 대한 견해가 전통문법과 다르다. 구체적인 차이와 분류에 대해서는 단어 분류의 해당 부분을 참고하라.

7) 표에서 볼드체는 전통문법서에서는 구분하지 않는 품사이다. 구체적인 내용은 제3강과 4강의 해당 부분을 참고하라. 괄호 속 각각의 영문 약자의 의미는 다음과 같다. D=determiner, v=light verb, T=tense, C=comlementizer

(12) 내용어와 기능어의 연속성

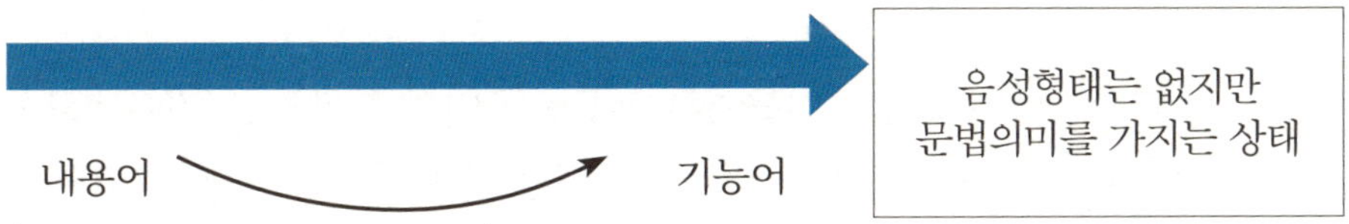

문법화(grammaticalization)

그림에서 보듯, 내용어와 기능어는 하나의 연속체(Continuum, 连续统)를 이다. 이론적으로 모종의 내용어는 문법화과정을 거쳐 기능어로 쓰일 수 있다. 심지어 음성이나 문자 형태는 없지만 문법적 기능은 가지는 그야말로 '투명인간' 같은 단어도 존재한다. 이런 점에서 기능어의 끝자락에 위치하며 음성적으로 실현되지 않지만, 문법기능을 나타내는 단어들의 존재를 인정해야 한다.

3. 단어의 구성

단어는 형식·의미·음성 자질의 결합체로 상당한 정도의 완정성과 자립성이 있다. 또, 기타 자질이나 단어와 결합하여 구조상 더 '복잡'한 단어를 구성할 수 있다. 이를 '합성어(compound)'라 한다. 그러나 구조적으로 얼마나 복잡한가를 막론하고 그것이 이미 어휘부(lexicon)에서 형성되었다면, 하나의 단어로 간주한다. 다음 예를 보자.

(13) a. 中华人民共和国澳门特别行政区 (중화인민공화국 마카오 특별행정구)
　　b. 澳门 (마카오)

예에서 a와 b의 통사적 지위는 같다. 모두 동일한 형식자질 [+ N]을 가진다. 따라서 동일한 속성을 가지는 하나의 단어, 즉 명사로 간주한다.

한편, 단어의 구성 차원에서 (13)a는 여러 개의 형태소로 구성된 합성어이고, b는 하나의 형태소로 구성된 단순어이다.

3.1. 단순어

형태소가 1개로 이루어진 단어를 말한다. 중국어의 형태소는 기본적으로 1개의 음절로 이루어지므로, 중국어의 단순어는 절대다수가 단음절이다. 그러나 아주 소수의 경우는 복음절 단순어도 있다. 다음 표를 보자.

(14) 음절에 따른 단순어 분류와 그 예

<table>
<tr><td>단음절</td><td colspan="3">他 tā, 都 dōu, 是 shì, 二 èr, 年 nián,</td></tr>
<tr><td>단순어</td><td colspan="3">級 jí, 的 de, 學 xué, 生 shēng, 嗎 ma</td></tr>
<tr><td rowspan="3">복음절
단순어</td><td rowspan="2">연면사
(联绵词)</td><td>쌍성
(双声)</td><td>彷佛 fǎngfú, 參差 cēncī, 琉璃 liúlí</td></tr>
<tr><td>첩운
(叠韵)</td><td>徘徊 páihuái, 玫瑰 méigui, 蜻蜓 qīngtíng, 猶豫 yóuyù</td></tr>
<tr><td>외래어</td><td colspan="2">葡萄 pútáo, 菩薩 púsà, 胡同 hútòng, 咖啡 kāfēi,
邏輯 luójí, 巧克力 qiǎokèlì, 奧林匹克 Àolínpíkè</td></tr>
</table>

3.2. 합성어

형태소가 2개 이상으로 이루어진 단어를 말한다. 중국어의 형태소는 기본적으로 1개의 음절로 이루어진다. 따라서 중국어의 합성어(合成词)는 2음절 이상으로 이루어진다. 합성어는 다시 접사의 유무에 따라 복합식 합성어와 파생식 합성어로 나뉜다.

3.2.1. 복합식 합성어

구조상 '어근+어근'의 합성어를 복합식(复合式) 합성어라 한다.

(15) 복합식 합성어의 구성과 그 예

<table>
<tr><td rowspan="9">복합식 합성어</td><td colspan="3">ⓐ 연합식</td><td>人民 rénmín (국민), 开关 kāiguān (스위치), 手足 shǒuzú (수족)</td></tr>
<tr><td rowspan="3">ⓑ 수식식</td><td rowspan="3">중심형태소</td><td>명사성</td><td>马路 mǎlù (도로), 黑板 hēibǎn (칠판), 纸张 zhǐzhāng (종이)</td></tr>
<tr><td>동사성</td><td>云集 yúnjí ([구름처럼]모여들다/운집하다), 重视 zhòngshì (중시하다), 互助 hùzhù (서로 돕다), 流动 líudòng (흐르다)</td></tr>
<tr><td>형용사성</td><td>雪白 xuěbái ([눈처럼]새하얗다), 鲜红 xiānhóng (선홍색), 透明 tòumíng (투명하다)</td></tr>
<tr><td colspan="3">ⓒ 술목식</td><td>出席 chūxí (출석하다), 开幕 kāimù (개막하다), 注意 zhùyì (주의하다)</td></tr>
<tr><td colspan="3">ⓓ 술보식</td><td>打倒 dǎdǎo (타도하다), 改善 gǎishàn (개선하다), 促进 cùjìn (촉진하다)</td></tr>
<tr><td colspan="3">ⓔ 주술식</td><td>年轻 niánqīng (젊다), 胆小 dǎnxiǎo (겁이 많다)</td></tr>
<tr><td colspan="3">ⓕ 중첩식</td><td>妈妈 māma (엄마), 常常 chángcháng (자주)</td></tr>
<tr><td colspan="3">ⓖ 종합식</td><td>图书馆 túshūguǎn (도서관), 红绿灯 hónglǜdēng (신호등), 照相机 zhàoxiàngjī (사진기), 人行道 rénxíngdào (인도)</td></tr>
</table>

3.2.2. 파생식 합성어

구조상 '어근+접사' 혹은 '접사+어근'의 합성어를 파생식(派生式) 합성어라 한다. 이는 다시 접사의 위치에 따라 둘로 나뉜다.

1) 접두사식 합성어

구조상 '접사+어근'로 구성된 합성어이다.

(16) 접두사식 파생 합성어의 구성과 그예

<table>
<tr><td rowspan="7">접두사</td><td>第-</td><td>第一 dì yī (첫째), 第二dì èr (둘째)</td></tr>
<tr><td>初-</td><td>初一 chū yī (초하루), 初二chū èr (초이틀)</td></tr>
<tr><td rowspan="2">老-</td><td>老虎 lǎohǔ (호랑이), 老鼠lǎoshǔ (쥐) , 老鹿lǎolù (사슴)</td></tr>
<tr><td>老師lǎoshī (선생님), 老王lǎowáng (왕씨 · 왕군)</td></tr>
<tr><td>小-</td><td>小王xiǎowáng (왕군), 小李xiǎolǐ (이군), 小弟xiǎoodì (동생)</td></tr>
<tr><td>阿-</td><td>阿妈 āmā (엄마), 阿爸ābà (아빠) , 阿姨āyí (이모)</td></tr>
</table>

2) 접미사식 파생어

구조상 '어근+접사'로 구성된 합성어이다.

(17) 접미사식 파생 합성어의 구성과 그 예

접미사	복수화	-们	我们 wǒmen (우리들), 你们 nǐmen (당신들), 他们 tāmen (그들)
	명사화	-子	椅子 yǐzi (의자), 桌子zhuōzi(의자), 帽子màozi(모자)
		-头	想头 xiǎngtou (생각), 看头kàntou (관점), 苦头kǔtou (고통)
		-儿	花儿 huār (꽃), 信儿xìner (소식), 小鸡儿xiǎojīer (병아리)
	형용사	-然1	突然 tūrán (갑작스럽다), 自然 zìrán (자연스럽다)
	부사화	-然2	忽然 hūrán (갑자기), 仍然 réngrán (여전히)
		-來	從來 cónglái (지금까지), 原來 yuánlái (알고 보니)
		-是	總是 zǒngshì (결국/언제나), 只是 zhǐshì (다만)
	접속사화	-是	但是 dànshì (그러나), 要是 yàoshi (만일…라면)
	전치사화	-着	趁着 chènzhe (~을 틈타), 随着 suízhe (~에 따라)
	동사화	-化	綠化 lǜhuà (녹화[하다]), 美化 měihuà (미화[하다]/미국화 되다)

접미사 '-子'는 대부분 A류처럼 접사성이 강하여 경성화(轻声化)되지만, B류처럼 접사성이 약하여 제 성조를 유지하는 경우도 있다.

(18) 접미사 '-子'의 재분류

-子	A류	-zi	일반 사물 표시	帽子, 胖子, 杯子, 椅子, 句子
	B류	-zǐ	새끼, 종자, 씨, 알 표시	鱼子, 瓜子, 棋子
			물리학 용어	电子, 分子, 原子
			사람 표시	孔子, 才子, 独子, 孫子, 孝子

8)

제4강 명사성(+N) 단어

건축을 위해 자재 창고에 쌓여있는 벽돌이라도 용도가 다 다를 수 있듯, 우리 머릿속 어휘부(lexicon)에 저장된 단어들도 그렇다. 어휘중 주로 주어나 목적어로 쓰일 수 있는 것들을 묶어서 '명사성' 단어라고 한다. '명사성' 단어의 범주자질(category feature)은 [+ N]이다.

명사성 단어에는 명사, 비술어형용사, 수사, 양사, 한정사 등이 포함된다.

1. 명사(N)

N으로 약칭한다. 명사(noun)는 전형적인 내용어(-F)이다. 명사는 사람이나 사물의 명칭, 시간, 장소 및 방위 등을 나타낸다. 생성문법과 전통문법 사이에 용어상 기능상 차이가 없다.

2. 비술어형용사(NPA)

NPA로 약칭한다. 이 품사는 사물에 대한 속성적 분류와 관련이 있는 내용어(-F)이다. 전통문법에서 '구별사(区别词)'라 한다. 이런 형용사는 특성상 술어로 충당되지 못하므로 비술어형용사(non predicate adjective, 非谓形容词)'라 한다.[1] 김종호(2012)는 이런 단어들을 '구별형용사'[2]라고 칭하고, 그들의 구별성 의미자질에 따라 다음과 같은 대립 쌍의 예를 든다.

(1) 비술어형용사의 대립 쌍

男 nán (남성의) ↔ 女 nǚ (여성의)
雌 cí (암컷의) ↔ 雄 xióng (수컷의)
公 gōng (수컷의) ↔ 母 mǔ (암컷의)
双 shuāng (짝수의) ↔ 单 dān (홀수의)
正 zhèng (정/정식의) ↔ 副 fù (부/보조의)
初级 chū jí (초급의) ↔ 高级 gāojí (고급의)
彩色 cǎisè (천연색의) ↔ 黑白 hēibái (흑백의)
公共 gōnggòng (공공의) ↔ 唯一 wéiyī (유일한)
大型 dàxíng (대형의) ↔ 小型 xiǎoxíng (소형의)

위의 예에서 보듯, 어휘들이 가지는 '구별성' 때문에 이들은 상대적인 의미 쌍을 만든다. 또, 이 비술어형용사들은 형태소로서 기능하는 경우도 흔하다.

(2) 男生(남학생), 女生(여학생), 公鸡(수탉), 母鸡(암탉)

위의 어휘들은 하나의 단어인가 아니면 구인가? 답하기가 곤란하다. 종합하자면, 비술어형용사는 형태소적 특성이 강하며, 술어기능을 못하는 비교적 특

1) 朱德熙(1982), 黄伯荣·廖序东(2002b)' 吕叔湘, 饶长溶(1981), 胡裕树(1995) 등 참조
2) 이 형용사는 의미나 기능적인 면에서 일반 형용사와 차이가 많이 나므로 "区别词"라 하여 품사의 일종으로 구분하기도 한다. 陸儉明 등(1993: 279) 참고.

수한 단어라 하겠다.

역사적인 관점에서 본다면 이와 같은 형용사는 명사 혹은 동사의 기능이 쇠퇴하여 생긴 것으로, 명사 혹은 동사의 기능이 소실되고 오직 관형어로만 쓰인다.[3] 따라서 명사와 더 가까운 관계를 가진다. 다음 邓思颖(2011)의 예를 보자.

(3) a. 奇怪而且可怕的病　　　　이상하고 더구나 무서운 병
　　b. *天生而且慢性的病　　　　(??선천적이고 더구나 만성적인 병)

중국어 접속사 '而且'는 오직 동사성[+ V] 성분만 연결할 뿐, 명사성[+ N] 성분은 연결할 수 없다.[4] 즉, 예a처럼 술어기능을 가질 수 있는 형용사 '이상하다(奇怪)'와 '무섭다(可怕)'는 연결할 수 있다. 반면 예b의 '선천적인(天生)'과 '만성적인(慢性)'은 명사성[+ N]의 비술어형용사에 속한다. 따라서 '而且'는 이 두 단어를 연결할 수 없다. 이는 결국 비술어형용사는 명사적 속성을 가진다는 것을 증명하는 예이다.

3. 수사(Num)

Num으로 약칭한다. 수사(numeral)는 사물의 수량에 대한 '지시성' 표현에 중점이 있으므로 기능어(+F)로 본다. 수사의 주요 기능은 사물의 숫자를 나타내는 것이므로, 명사와 밀접한 문법관계를 가진다. 중국어의 수사는 일반적으로 명사와 직접적으로 결합할 수 없고 양사와 결합하여 '수사(数词)+양사(量词)+명사(名词)'의 어순을 이룬다. 아래의 내용은 수사에 대한 김종호(2012)의 분류이다.

---

3) 郭锐(2002) 참조. 중국어의 이러한 형용사는 오직 관형어로만 쓰이고, 명사성 품사를 수식하기 때문에, 朱德熙(1982)는 구별사를 '체언(体词)'으로 분석한다.

4) 吕叔湘(1980), 饶长溶(1981: 81-82) 참조

3.1. 기수

'숫자의 기술'에 중점을 둔 수사를 가리키며, 그 주요 문법 사항은 다음과 같다.

(4) 기수의 분류와 예

<table>
<tr><th colspan="3">수사의 분류 및 수읽기</th><th>표기 방법 및 읽기</th></tr>
<tr><td rowspan="9">기수</td><td rowspan="5">정수</td><td>22</td><td>二十二 èr shí èr (단 단위와 십 단위의 '2' → 二로 읽음)</td></tr>
<tr><td>102</td><td>一百零二 yì bǎi líng èr</td></tr>
<tr><td>110</td><td>一百一十 ('百, 千, 万' 앞의 '一' → 반드시 읽음)
yì bǎi yì shí</td></tr>
<tr><td>10002 (세 자리 수 이상의 수 중간의 '0')</td><td>一萬零二 yí wàn líng èr (한 번만 읽음)</td></tr>
<tr><td>22222</td><td>兩萬兩千二百二十二
liǎng wàn liǎng qiān èr bǎi èr shí èr
(단위 '千', '万', '亿' 등이 맨 앞자리에 쓰일 때→'兩'으로 읽음)</td></tr>
<tr><td rowspan="2">분수</td><td>$3\frac{2}{3}$</td><td>三又三分之二 sān yòu sān fēn zhī èr</td></tr>
<tr><td>22%</td><td>百分之二十二 bǎi fēn zhī èr shí èr</td></tr>
<tr><td>소수</td><td>0.01</td><td>零点零一 líng diǎn líng yī</td></tr>
<tr><td>배수</td><td>两倍</td><td>兩倍 liǎng bèi (2배)</td></tr>
</table>

3.2. 서수

'순서' 표현에 중점을 둔 수사를 가리키며, 그 주요 문법 사항은 다음과 같다.

(5) 서수의 분류와 예

<table>
<tr><td rowspan="11">서수</td><td rowspan="7">접사성 기능어 사용</td><td>[第-]</td><td>第二名 dì èr míng (2등)</td></tr>
<tr><td>[头-]</td><td>头一名 tóu yì míng (1등)</td></tr>
<tr><td>[前(/后)-]</td><td>前(/后)三等 qián(/hòu) sān děng (앞[/뒤]에서 3등)</td></tr>
<tr><td>[初-]</td><td>初二 chū èr (초이틀)</td></tr>
<tr><td>[老-]</td><td>老大 lǎodà (맏이), 老三 lǎosān (셋째)</td></tr>
<tr><td>[首-]</td><td>首次 shǒucì (첫 번째), 首届 shǒujiè (제 1차)</td></tr>
<tr><td>[大-]</td><td>大儿子 dà'érzi(장남), 大哥 dàgē (맏형)</td></tr>
<tr><td rowspan="4">접사성 기능어 사용 안함</td><td>年月日이나 曜日 표시</td><td>1998年 2月 11日 星期三 (1998년 2월 11일 수요일)
yī jiǔ jiǔ bā nián èr yuè shíyī hào xīngqīsān</td></tr>
<tr><td>行列 표시</td><td>二叔 èrshū (둘째 숙부), 三叔 sānshū (셋째 숙부)</td></tr>
<tr><td>편제(编制) 표시</td><td>二班 èrbān (2반), 五号 wǔhào (5번), 六楼 liùlóu (6층)</td></tr>
<tr><td>열거 표시</td><td>一. 开会 kāihuì (1. 개회), 二. 报告 bàogào (2. 보고)</td></tr>
</table>

3.3. 개수

'개략적 수' 표현에 중점을 둔 수사를 가리키며, 그 주요 문법 사항은 다음과 같다.

(6) 개수의 분류와 예

<table>
<tr><td rowspan="2"></td><td rowspan="2"></td><td>등급 표시</td><td>头等 tóuděng (1등), 二等 èrděng (2등)</td></tr>
<tr><td>기타 어구</td><td>末位 mò wèi (꼴찌), 最后的一个 zuì hòu de yí ge (최후의 하나/꼴찌)</td></tr>
<tr><td rowspan="8">개략수</td><td rowspan="2">수사 연용</td><td>잇닿은 수 연용</td><td>两三个月 liǎng sān ge yuè (이삼개월),
三四公斤 sān sì gōngjīn (3~4kg)</td></tr>
<tr><td>잇닿지 않은 수 연용</td><td>三五天 sān wǔ tiān (3일내지 5일)</td></tr>
<tr><td rowspan="2">'来' 부가</td><td>수사+"来"+양사+(명사)</td><td>十来个人 shí lái ge rén (10명 정도)</td></tr>
<tr><td>수사+양사+"来"+명사</td><td>十块来钱 shí kuài lái qián (10원 정도)</td></tr>
<tr><td rowspan="4">접사성 기능어 사용</td><td>[-多]</td><td>四十多岁 sìshí duō suì (40여 세),
一百多公斤 yì bǎi duō gōngjīn (100여 kg)</td></tr>
<tr><td>[-左右]/[-上下]/[-前后]</td><td>四十(岁)左右/上下/前后 (40세 가량)
sìshí (suì) zuǒyòu/shàngxià/qiánhòu</td></tr>
<tr><td>[-把]</td><td>千把块钱 qiān bǎ kuài qián (천원 쯤의 돈)</td></tr>
<tr><td>[-以上(/下)]</td><td>四十岁以上 sìshí suì yǐshàng (40세 이상),
五十岁以下 wǔshí suì yǐxià (50세 이하)</td></tr>
</table>

4. 양사(Cl)

Cl로 약칭한다. 양사(classifier, 量词)의 주요 기능은 명사를 분류하는 것이며, 의미적으로는 계량단위를 나타낸다. 양사는 사물의 계량에 대한 '지시성'에 중점이 있으므로 기능어(+F)로 친다. 吕叔湘, 朱德熙(1979:9)는 양사를 '부명사(副名词)'라고하며 명사의 한 작은 부류로 여긴다.

중국어 양사 분류는 비교적 복잡하다. 그 종류가 많을 뿐만 아니라 하나의 동일한 양사가 여러 의미를 가지기도하기 때문이다. 김종호(2012)는 양사의 전용성(專用性)과 차용성(借用性)에 근거하여 다음과 같이 분류한다.

(7) 양사 분류 기준

<table>
<tr><th colspan="3">양사의 분류</th><th>수량구의 예</th></tr>
<tr><td rowspan="11">명량사</td><td rowspan="8">전용</td><td>개체</td><td>一个人 yí ge rén (한 사람)</td></tr>
<tr><td>집체</td><td>一群人 yì qún rén (사람 한 무리)</td></tr>
<tr><td>도량형</td><td>一公里 yì gōnglǐ (1 Km)</td></tr>
<tr><td>시간</td><td>一个小时 yí ge xiǎoshí (한 시간)</td></tr>
<tr><td>화폐</td><td>一块钱 yí kuài qián (일원)</td></tr>
<tr><td>글(문장)</td><td>一篇文章 yì piān wénzhāng (문장 한 편)</td></tr>
<tr><td>미정('不定')</td><td>一些人 yìxiē rén (몇몇의 사람)</td></tr>
<tr><td>복합양사</td><td>人次 réncì (연인원)</td></tr>
<tr><td rowspan="3">차용</td><td>용기(容器)</td><td>一壶茶 yì hú chá (한 주전자의 차)</td></tr>
<tr><td>신체</td><td>一头(的)汗 yì tóu (de) hàn (온 이마에 가득한 땀)</td></tr>
<tr><td>사물</td><td>一桌子(的)菜 yì zhuōzi (de) cài (한상 가득한 요리)</td></tr>
<tr><td rowspan="3">동량사</td><td colspan="2">전용</td><td>大吃一顿 dà chī yí dùn (크게 한 끼 먹다)</td></tr>
<tr><td rowspan="2">차용</td><td>신체 일부</td><td>看一眼 kàn yì yǎn (눈길을 한번 주다)</td></tr>
<tr><td>일반 명사</td><td>切兩刀 qiē liǎng dāo (두 번 자르다)</td></tr>
</table>

표에서 '차용 양사'란 기물이나 신체의 일부를 빌어서 양사로 대용하는 경우를 이른다.

5. 한정사(D)

D(/Det)로 약칭한다. 한정사(determiner)는 뒤따르는 명사의 지시적 속성을 결정하는 품사의 하나이므로 기능어(+F)로 친다. Abney(1987), Chomsky(1995) 등에 따르면 한정사는 명사에 대한 지칭(referentiality) 기능, 한정성(definiteness), 양화(quantification) 정보 등을 나타내는 기능어이다. 한정사는 명사와 밀접한 문법관계를 가지므로, 명사성 단어의 하나로 친다.

전통문법에서 소위 '대명사'라고 칭하는 품사는 대표적인 한정사이다. 예를 들어 인칭대명사 '你(당신), 我(나), 他(그)', 지시대명사 '这(이), 那(저), 每(매)', 의문대명사 '谁(누구), 什么(무엇)' 등은 모두 사람, 장소, 사물등에 대한 지시(/지칭)기능이 있다. 또한 제2강에서 언급한 공범주의 대명사(pro/PRO)도 사람을 지칭하는 기능이 있다. 따라서 이들도 한정사에 포함된다.[5]

결국, 한정사는 핵이 되어 명사성[+N] 단어나 구를 보충어[6]로 취함으로써 최종적으로 한정사구(DP)로 투사되는 품사이다.[7] 다음 예를 보자.

---

5) 한편, 고유명사에 속하는 '장삼(张三)'이나 '북경(北京)'등도 한정의 의미가 있다. 그러나 이 단어들은 본래 명사에 속는데 통사적 조작을 통하여 한정사와 병합된 것이므로 한정사라 할 수 없다(본서 제8장의 4 참조). 영어에서 한정사(Determiner, D, Det)인 the, this, that(지시대명사) 등도 뒤따르는 명사에 대한 지시적 속성을 결정하는 기능이 있다.

6) 핵 성분이 어떤 성분을 자신의 자매관계 위치로 당기어 직접적으로 병합할 때, 이 성분을 보충어(complement)라 한다. 자세한 내용은 본서의 제6강의 2를 참고하라.

7) 한정사구(DP)의 투사와 도출에 대해서는 본서 제8강에서 자세히 다룬다.

(8) 한정사구(DP)의 투사 양상

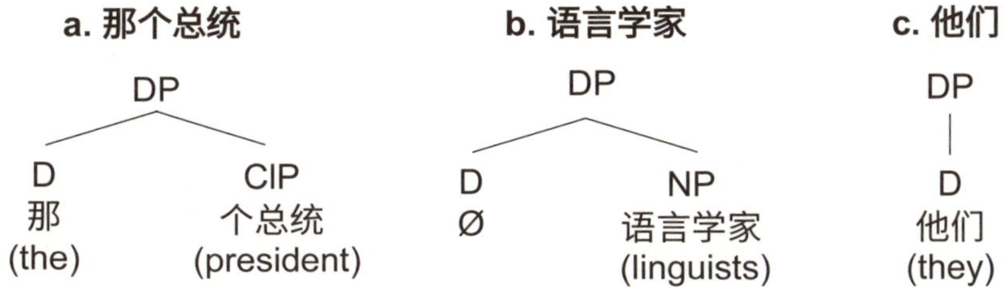

위 그림을 보자. a의 '那个总统(the president)'은 눈에 보이는 핵인 한정사 '那(the)'가 수량구(ClP)를 보충어로 가지고 한정사구(DP)로 최대투사(maximal projection)함을 보인다. 이 경우 한정사구는 지시성과 한정성을 모두 가진다.[8)] b의 '语言学家(linguists)'는 핵인 한정사가 눈에 보이지 않지만 존재하며 명사구를 보충어로 하여 한정사구로 최대투사함을 보인다.[9)] 이 경우 한정사구는 지지성은 있지만 한정성은 없다. c의 '他们(they)은 인칭대명사로 그 자체가 한정사이며, 보충어 없이 한정사구로 투사된다. 이 경우도 지시성과 한정성을 모두 가진다. 이상의 사실을 통해 한정사가 명시적이면 지시성과 한정성을 모두 가지며, 비명시적이면 지시성은 있지만 한정성은 없다는 것을 알 수 있다.

여기서 명심해야 할 점이 하나있다. 그것은 위의 (8)a-c에서 보듯, 전통문법적 관점에서 이들에 대해 모두 명사구(NP)나 단어라고 하는데, 생성문법에서는 이들을 모두 한정사구(DP)로 본다는 것이다. 이는 최소주의에서 말하는 한

---

8) 여기서 '지시성'은 가리키는 대상이 구체적으로 존재하는지를, '한정성'은 그 대상이 누구(/무엇)인지 청자(/독자)도 아는 상태임을 의미한다. 중국어에서 한정사가 명시/외현적이면 해당 명사는 지시성과 한정성을 모두 가지며, 한정사가 비명시/내현적이면 해당 명사는 지시성은 가지지만 한정성은 가지지 못하는 것 같다.

9) 예b에서 보듯, 중국어나 영어 모두 눈에 보이지 않는(null/covert) 한정사로 구성되는 한정사구(DP)를 설정한다. 이 경우는 복수 형태를 통해 '총칭' 혹은 '부분'의 의미를 나타낸다. 영어의 예를 보자.
(1) Eggs are fattening. 총칭적(generic) : 'eggs in general'
(2) I had eggs for breakfast. 부분적(partitive) : 'some eggs'

정사구 가설(DP hypothesis)로, 한정사(D)의 명시성 여부(overt or covert)와 상관없이 '통사부에서 대명사를 포함한 모든 명사적 표현은 한정사구(DP)로 투사된다.'는 것이다.

제5강 동사성(+V) 단어

건축을 위해 자재 창고에 쌓여있는 벽돌이라도 다 용도가 다를 수 있듯, 문장을 짓기 위해 우리 머릿속 어휘부에 쌓여있는 단어들도 다 제각각 다른 성질을 가진다. 이것들 중 주로 술어로 쓰이며, 자신의 보충어를 가지는 단어들을 묶어서 '동사성' 단어라고 한다. 동사성 단어의 범주자질은 [+ V]이다.

동사성 단어에는 동사, 부사, 전치사, 접속사, 경동사, 시제사, 보문사 등이 포함된다.

1. 동사(V)

V로 약칭한다. 동사(verb)는 주로 동작행위, 심리활동, 존재, 변화, 성질, 상태 등을 나타내는 내용어(-F)이다. 동사는 기능특징, 의미특징 등에 따라 분류된다.

첫째, 동사의 기능성에 따른 분류이다. 즉 타동성(transitivity)에 따라 자동사(intransitive verbs)와 타동사(transitive verbs)로 구분한다.

둘째, 동사의 의미적 특성에 따른 분류이다. 즉, 동사의 동작(动作/action), 과정(过程/process) 혹은 상태(状态/state)에 따른 분류, 자주(自主/active)

혹은 비자주(非自主/nonactive) 등에 따른 분류, 심리성의 유무에 따른 분류 등등이 있다.[1] 의미에 따른 동사분류는 그 기준만 달리 설정하면 되기에 사실상 거의 무한대이다. 따라서 이러한 분류의 통사적 가치는 크지 않다.

첫 번째와 같은 이유에서 볼 때, 동사는 무언가 빈 구멍을 가진 단어들이다. 그래서 그 공간을 메꾸어 완전하게 되길 추구한다. 이런 점에서 동사 분류의 한 포인트는 동사가 몇 개의 논항을 필요로 하느냐이다.

(1) 동사의 논항과 동사 분류

(i) **1항(/가) 동사(one place predicate)** : 한 개의 논항을 필요로 하는 동사

(ii) **2항(/가) 동사(two place predicate)** : 두 개의 논항을 필요로 하는 동사

(iii) **3항(/가) 동사(three place predicate)** : 세 개의 논항을 필요로 하는 동사

중국어 동사를 그 타동성(transitivity)의 유무에 따라 분류하면 대체로 다음 표와 같다.[2]

---

1) Vendler(1967), Perlmutter(1978), Pullum(1988), Dowty(1979), Buzio(1986), 김종호(2011)등 참조.

2) 표는 何元建(2011)을 참고로 저자가 수정한 것이다. 본서의 제9강 동사구(VP)에서 재 수록함.

(2) 중국어 동사의 분류표

<table>
<tr><td rowspan="3">자동사
(不及物动词)</td><td rowspan="3" colspan="2">1항 동사
(一元动词)</td><td colspan="3">비대격동사(非宾格动词) : 来, 到, 是, 有, 死, 出现, 发生//开, 关, 沉, 吓, 气死</td></tr>
<tr><td colspan="3">비능격동사(非作格动词) : 笑, 哭, 飞, 跳</td></tr>
<tr><td colspan="3">정태동사 : 红, 黄, 好, 坏, 漂亮</td></tr>
<tr><td rowspan="11">타동사
(及物动词)</td><td rowspan="6" colspan="2">2항 동사
(二元动词)</td><td colspan="3">경동사(轻动词) : 使, 让, 令, 叫, v</td></tr>
<tr><td colspan="3">비대격동사(非宾格动词) :开, 关, 沉, 吓, 气死</td></tr>
<tr><td colspan="3">능격동사(作格动词) : 沉, 感动, 丰富</td></tr>
<tr><td colspan="3">대격동사(宾格动词) : 吃, 说 , 看</td></tr>
<tr><td colspan="3">사역동사(支使动词) : 경동사 용법이외의 使, 让, 令, 叫</td></tr>
<tr><td colspan="3">인상동사(提升动词) : 好像, 看来, 估计, 似乎</td></tr>
<tr><td rowspan="5">3항 동사
(三元动词)</td><td rowspan="2">명사
성구
논항</td><td rowspan="2">이중목적어
동사
(双宾动词)</td><td>수여동사 : 送, 交, 问, 教, 告诉, 通知</td></tr>
<tr><td>탈취동사 : 借, 欠, 赢, 偷</td></tr>
<tr><td rowspan="3">기타
논항</td><td colspan="2">[주어+동사+목적어+절] 구조의 동사
'절' 논항 동사</td></tr>
<tr><td rowspan="2">[주어+동사+
목적어+보어]
구조의 동사</td><td>장소보어를 가지는 동사</td></tr>
<tr><td>수량보어를 가지는 동사</td></tr>
</table>

위의 표는 개략적인 동사분류이다.[3] 동사 분류에 있어 중요한 몇 가지 사항을 보충한다.

첫째, 위 표에서 '정태동사'란 소위 술어가 될 수 있는 형용사류를 가리킨다. 즉, 전통문법학에서 말하는 '형용사'는 '정태동사'로 분류된다.[4] 그 근거를 생

3) 표(2)는 대략적인 동사분류 기준표이다. 동사분류 역시 소위 연속통의 관점에서 볼 때, 중간적 속성을 보이는 것들이 존재한다. 黄正德 (2007:18)도 동사의 분류는 "부류를 건너뛰거나 경계선이 모호한 점을 면하기 어렵다."고 지적한다.

4) Chao(1968), Li and Thompson(1981), 纪宗仁(2005), 邓思颖(2011) 등에서도 중국어의 '형용사'는 동사로 분류된다. 그러나《中学教学语法系统提要》와 대다수 현대 중국어 문법

각해보자.

(3) 他应该明白明白这个道理。 그는 마땅히 이 도리를 안다!

(4) a. *他 (应该) 明明白白这个道理。

b. 他对这个道理明明白白。 그는 이 도리에 대해 명명백백하다.

먼저 일반동사와 형용사와의 차이점을 보자. (3)에서 보듯 일반 동사인 '明白明白'는 직접적으로 목적어를 가진다. 한편, (4)a에서 보듯 소위 형용사 '明明白白'는 직접적으로 목적어를 가지지 못한다. 그럼에도 불구하고 b에서 보듯 형용사에 논항성분이 추가되면 전치사 '对(~에 대해)'를 사용하여 논항성분을 처리한 후 술어로 충당된다. 어쨌든 이 두 단어 '明白明白'와 '明明白白'는 모두 주어에 대한 서술기능을 가지므로 동사로 처리하는데 문제가 없다. 단, '明白明白'는 타동사로, '明明白白'는 자동사(/정태동사)로 분류한다.

둘째, 위 표에서 '능격동사(ergative)'란 타동사로도 자동사로도 쓰일 수 있는 동사로, 논항관계의 변화에 따라 주격으로 쓰였던 대상에게 목적격도 줄 수 있는 동사류이다. 능격동사 '感动'을 예로 보자.

(5) a. 我感动了。 (1항 자동사구문) 나는 감동했다.

b. 他感动了我。 (2항 타동사구문) 그는 나를 감동시켰다.

예a에서의 '我'는 능격동사 '感动'이 '자동사'로 쓰일 때의 주어이며, b에서의 '我'는 능격동사 '感动'이 '타동사'로 쓰일 때의 목적어이다.

셋째, 비대격동사(unaccusatives, 非宾格动词)는 보충어 논항에게 목적격(objective)을 부여하지 못하는 동사를 말한다. 특히 논항이 1개인 비대격동사로 '존현 동사(在, 出现)', '개시 동사(发生, 开始)', '왕래발착 동사(到, 来, 去)' 등이 있다.[5]

교과서에서 '형용사'는 하나의 독립적인 품사로 처리된다.

5) 반면 대격동사(accusatives, 宾格动词)는 목적격을 부여할 수 있으며 자주(/의지)적 동작

비대격동사의 한 특징을 보자.

(6) a. 客人来了。 그 손님이 왔다.
b. 家里来了客人。 집에 어떤 손님이 왔다.

a에서 보듯, 전형적인 비대격동사 '来'의 대상자인 '客人'은 '来'의 특성상 목적격을 받지 못하므로 앞으로 이동하여 주격(nominative)을 부여받는다. 그러나 b에서 보듯, 중국어 존현문에서 비대격 대상이 여전히 동사 뒤에 남아 있다. 왜 그럴까? 먼저 b의 한국어 번역을 보자. 왜 '손님(客人)'이 목적격으로 해석되지 않고 주격으로 해석되는 걸까? 도대체 '客人'의 문장성분은 무엇일까? 이에 대해 전통문법에서는 목적어라는 설과 주어라는 설이 비등(比等)하다. (6) b의 '客人'은 주어 자리를 선점한 장소명사 '家里'에 막혀 이동하지 못한 것으로 보인다. 이는 한국어 해석에서 '客人'이 주격을 받는 것을 통해서 확인된다.

혹은 과정을 나타낼 수 있다. 한편, 1항 능격동사(one-place ergatives, 一元作格动词) 및 인상동사(rasing verb, 提升动词)는 일반적으로 비자주 상태(혹은 상태변화)를 나타낸다. 반면, 2항 능격동사(two-place ergatives, 二元作格动词) 및 사역동사(causatives, 役格动词) 등은 자주 혹은 비자주 상태에 대해 단언하기 어렵다.

2. 전치사(P)

P로 약칭한다. 전치사(preposition, 介词)는 반드시 보충어를 취하며, 그에 대해 모종의 '의미역'을 할당하는 내용어(-F)이다. 시간과 장소를 나타내는 '在, 从', 방식과 도구를 나타내는 '用', 관계대상을 나타내는 '对于, 跟'등이 있다.[6] 본서는 중국어 전치사가 주로 동사로부터 기원되었고, 동사처럼 자신의 보충어 논항에게 모종의 의미역을 할당하는 점등을 고려하여 그것을 동사성 내용어로 친다.[7]

3. 부사(Adv)

Adv로 약칭한다. 부사(adverb)는 동사를 한정하거나 수식하여 범위, 시간 등 의미를 나타낸다.[8] 부사와 동사의 관계는 수식어와 피수식어의 관계이다. 따라서 부사는 동사와 밀접한 관계가 있다.

김종호(2012)는 현대중국어 부사에 대해 그 의미를 중심으로 다음과 같이 귀납한다.

---

6) 전치사구(PP)에 대한 내용은 본서 제13강의 2.2를 참조하라.

7) 영어에서는 전치사를 다음과 같이 분류하기도 한다.
(1) He fell down. <자전치사>
(2) He fell down the stairs. <타전치사>
특히 (1)의 경우 전치사인가 부사인가 구분하기가 쉽지 않다. 이와 같은 분류는 전치사도 타동성(transitivity)의 차이가 있다고 보는 견해이다. 즉, 목적어를 가지는 경우를 타전치사, 목적어가 없는 경우는 자전치사라 한다.

8) 부사구(AdvP)의 투사와 도출에 대해서는 본서 제13강의 1에서 다룬다.

(7) 의미에 따른 부사의 분류표

부사의 분류	의미		예
정도 부사	주관성		很, 挺, 太, 非常, 格外, 十分, 相当
	비교 정도		最, 特别, 更, 愈(越), 比较, 较为, 最为
	수량 정도		稍, 稍微, 起码, 至多, 至少, 有点儿, 差不多, 几乎
	동작에 대한 정도		极力, 竭力, 尽量
시간 부사	과거	시역	向来, 从来, 歷来
		비시역	已(经), 曾(经), 刚(刚)
	현재		正$_1$, 正在, 在
시간 부사	미래	시역	早晚, 迟早, 眼看
		비시역	将要, 快要
	미확정시	시역	永远, 始终, 老(是), 总(是), 一直,
		비시역	立刻, 马上, 就//赶紧, 赶快, 连忙//预先, 儘早, 及早
		시점강조	正$_2$, 正好, 恰好, 刚好, 恰巧, 刚巧
빈도 부사	빈도	순수빈도	常(常), 往往, 再, 再三, 屡次
		동류표시	也, 又
상태 부사	평가성		自然, 毅然, 亲自, 贸然, 轻易, 欣然, 私下, 暗暗, 默默
	존재·상태성		仍然, 依然//渐渐, 逐步, 逐渐//忽然, 忽地, 猛然//偶尔
범위 부사	총괄		都, 全, 凡是, 统统(通通), 总共,大都, 大致, 大体
	개별		就$_1$(是), 单(单), 光(是), 只(是), 仅(仅), 独自, 唯独
	공통		一共, 一起, 一块儿, 一概, 一并, 一律
	장소		到处, 处处, 满处
부정 부사	객관성		没(有)
	주관성		不

부사의 분류	의미		예
어기 부사	긍정	확신·인정	其实, 确(实), 的确, 一定, 明明, 果然, 难怪, 最好, 只好
		감탄	可, 就$_3$, 实在, 简直
		필연	必定, 势必, 务必, 千万
		추측	大概, 大约, 也许, 或许, 兴许
		다행	幸亏, 好在, 幸而, 幸好
		의외	偏偏, 居然, 竟然, 原来
		반전·의외	倒, 却, 反而, 反正, 索性
	의문·의심		岂, 难道 , 到底, 究竟, 何必

그러나 의미에 근거한 부사의 분류의 한계는 무엇인가? 우선 그 경계가 명확하지 않다. 부사는 어휘 수가 많고, 개별 부사의 의미도 다양하며, 기능적으로도 한 개의 부사가 여러 개 기능을 가지기도 한다. 또, 개별 부사의 기능이 또 다른 어떤 부사와 서로 같거나 비슷한 점도 있다. 따라서 어떤 의미적 기능적 공통성에 근거하여 분류하기가 쉽지 않다. 그러므로 부사가 내용어인지 기능어인지의 문제는 개별 부사가 특정 문장 안에서 구체적으로 어떻게 사용되는지에 대해 살펴본 후에 판단해야할 문제이다. 본서는 일부의 부사는 내용어(-F)적 성격을, 일부의 부사는 기능어(+F)적 성격을 가지는 것으로 친다.

한편, 분포상 유의해야 할 부사가 상태부사와 문장수식부사이다. 상태부사는 '주어'의 '상태가 어떠함'에 대해 수식한다. 따라서 일반적으로 주어의 뒤에 위치한다. 반면 문장수식부사는 문두에 위치하여 문장의 내용에 대한 '화자'의 심리적 태도나 평가의 의미를 표시한다. 이런 점에서 부사에 대해 수식기능 차원에서 분류해 보자.

첫째, 성분수식 부사

문장 내에서 어느 한 성분만을 수식하는 기능을 가지는 부사를 이른다. 위에서 제시한 정도부사, 범위부사, 상태부사, 시간 및 빈도부사, 부정부사 등 어기부사를 제외한 대부분이 여기에 해당한다. 어휘 목록은 표 (7)에서 언급한 것으로 대체한다.

둘째, 문장수식부사

문두에 위치하여 문장 전체의 내용에 대하여 화자의 각종 심리적 태도를 나타내는 부사를 총칭하여 이른다. 문장수식부사는 대부분 소위 '어기부사'이다. 그러나 소수의 '정도부사, 상태부사, 시간부사' 등도 문장수식 기능을 할 수 있다. 그 어휘 목록을 보이면 다음과 같다.

(8) 문장수식부사의 분류와 예

부사의 분류		부사의 예
문장수식부사	[+ 어투]	其实, 确(实), 的确, 明明, 果然, 果眞, 难怪, 一定; 难道, 到底 , 何必; 大概, 也许; 幸亏, 好在, 幸而, 幸好, 居然, 竟然, 原来; 反正
	[+ 정도]	尤其, 起码, 至少, 至多, 差不多, 几乎, 尽量
	[+ 시간]	向来, 素来, 从来, 歷来, 早晚, 迟早, 眼看, 一直, 立刻, 马上, 正好, 正巧, 恰好, 恰巧, 刚好, 刚巧
	[+ 상태]	渐渐, 逐渐, 照例

4. 접속사(Conj)

Co(/Conj)라고 약칭한다. 접속사(conjunction)는 무엇과 무엇을 접속하는가? 그것은 명사구와 명사성구, 동사구와 동사성구를 연결하는 기능을 한다. 한편, 절을 이끄는 접속사는 보문사(C)라는 별도의 품사로 구분한다. 본서는 접속사를 동사성 기능어(+F)로 친다.

전통문법에서 '跟, 和, 同' 등은 전치사와 접속사의 두 품사성을 가지므로 겸류사(兼类词)라 한다. 중국어에서 이들 단어는 형태적으로 어느 품사에 속하는지 확인할 수 없다. 따라서 통사적 기능, 즉 어떻게 기능하는가에 따라 품사를 확정할 수밖에 없다.[9] 이러한 사실은 접속사와 전치사가 매우 밀접한 관계

9) 예를 들어 '我和他一起看电影。'에서 '和'는 '我'와 '他'를 연결시키는 문법관계를 가지는가

가 있다는 것을 의미한다. 결국, 접속사는 전치사보다 더 '허화(虚化)'된 일종의 품사로 순수하게 두 성분 간의 관계를 나타내는 기능을 가진다.

5. 경동사(v)

v[10]라고 약칭한다. 경동사(light verb, 轻动词)는 동사구(VP)를 보충어로 하여 사건의미(eventualities)를 부여하는 동사성 기능어(+F)이다.[11] 경동사가 부여하는 사건의미에는 무엇이 있을까? 이는 인간의 현실사태 전개에 대한 인식과 직결되는 것으로 상태(BE), 활동(DO), 변화(BECOME), 원인-결과(CAUSE-BECOME) 등이 있다.

중국어의 경동사는 눈에 보이는 것(overt)도 있고, 보이지 않는(음성적 혹은 문자적으로 실현되지 않는) 것(covert)도 있다. 중국어의 경동사는 다음과 같이 분류될 수 있다.[12]

아니면 '他'와만 문법관계를 가지는가에 따라 각각 접속사와 전치사로 나뉜다.

10) 소문자 'v'와 대문자 'V'는 두 종류의 서로 다른 품사이다. 작은 글씨 기울임 꼴 'v'를 사용하여 경동사를 표시하는 것은 Chomsky(1995)가 채용한 방식이다.

11) 전통중국어문법 학계에서도 이와 비슷한 개념을 제기했다. 즉, 의미상 비교적 '허(虚)'한 동사를 '차동사(次动词)', '조동사(助动词)', '부동사(副动词)'라고 하는데, 예를 들어 중국어의 '把, 被, 教, 让, 给' 등의 단어이다. 王力(1984[1944]:26), 朱德熙(1979:9) 참조.

12) 경동사의 '경(轻)'이 의미하는 것은 무엇일까? 그것은 동사에 비해 경동사의 의미가 비교적 '허(虚)'하고 특정한 의미만을 나타내기 때문이다. 경동사가 정식적으로 통사론의 한 품사로 간주된 것은 Chomsky(1995)이다.

(9) 경동사의 분류와 예

경동사			경동사의 예
명시적인 경동사	사역		使, 让, 叫, 把
	비사역	활동[DO]	作做, 进行, 加以
		상태[BE]	(是), (有)
		변화[BECOME]	给
비명시적인 경동사	활동[DO]		∅
	상태[BE]		∅
	변화[BECOME]		∅
	인과관계[CAUSE-BECOME]		∅

(∅의 의미는 눈에 보이지 않지만 모종의 실체가 존재한다는 의미이다. 괄호 한 是와 有는 경동사로 볼 것인지 아직 판단을 기다려야 하는 것이다.)[13]

6. 시제사(T)

T로 약칭한다. 시제사(tense)는 경동사구(vP)를 보충어로 취하여 과거, 현재, 미래 등의 시간정보를 부여하는 동사성 기능어(+F)이다. 시제사는 확대투사자질(EPP feature)을 가지고 있으므로, 주어가 될만한 성분을 자신의 지정어 위치로 당기어 주격(nominative)을 부여하는 기능이 있다. 본서는 시제사를 동사성 기능어(+F)로 친다. 현대중국어 문미의 조사 '了, 来着'은 '과거'의 시간정보를 담당하는 시제사이다.[14]

13) 현재 생성문법학의 문헌에서 경동사에 대한 이해가 완전히 일치하는 것은 아니다. 경동사의 범위도 학자에 따라 차이가 있다. Lin(2001), 邓思颖(2010) 등 참조.

14) 시제사 '了'는 소위 '$了_2$'이며 문미에 위치한다. Tang(1998), 邓思颖(2002c, 2003b), Sybesma(1996), Xu(1997), Zhang(1997), 熊仲儒(2003b), 胡建华, 石定栩(2005), 石定栩, 胡建华(2006) 등 참조. 중국어는 시제사가 내현적인 언어이다. 이에 어떤 이는 중국어

중국어는 형태적인 면에서 영어처럼 시제를 나타내는 -ed, -s 등의 접미사가 없으며, 굴절적 변화를 가지는 BE 동사나 조동사(Auxilary)에 의해 나타나지도 않는다. 이 때문에 어떤 이들은 '중국어는 시제가 없다'고 말하기도 한다. 그러나 시제를 나타내는 고정적인 방식이 결여되었다 해서 '시제가 없다'는 말을 할 수는 없다. 일정한 사건의미를 가지는 명제적인 표현이라 할지라도 이것을 현실세계와 관련시키는 시제개념이 없는 언어가 사고와 의사소통에 있어 문제가 될 것은 자명하기 때문이다. 이런 점에서 중국어에서 시제정보를 나타내는 품사의 특수성을 인정할 필요가 있다. 즉, 중국어의 시제사는 일정한 담화현실 속에 생략되어 눈에 보이지 않는 경우가 많으며, 어떤 때에는 시간명사나 시간부사 등의 내용어를 통해 표시되기도 한다.

(10) 중국어 시제사의 분류와 예

시제사의 분류		시제사의 예	
		기능어	내용어
명시적인 시제사	과거	了2，来着	각 종 시간사
	현재	∅	각 종 시간사
	미래	∅	각 종 시간사
비명시적인 시제사	과거	∅	
	현재	∅	
	미래	∅	

(∅의 의미는 눈에 보이지 않지만 존재한다는 의미이다.)

에는 시제사가 없다하나 이는 정확한 표현이 아니다. 한편, 시제사를 통사론에서 하나의 독립적인 품사로 분석하는 것은 이미 Pollock(1989)과 Chomsky(1995: §2) 등에서 볼 수 있다.

7. 보문사(C)

C로 약칭한다. 보문사(complementizer, 标句词)는 시간사구(TP)를 보충어로 취하고, 그것에 대해 일정한 기능적 분류, 예컨대 문장의 유형(Sentence Type)를 표시하는 동사성 기능어(+F)이다.[15]

전통문법에서는 문장의 기능/어기에 따라 문장을 평서문, 의문문, 명령문, 감탄문 4가지로 나눈다. 문장의 기능적 분류에 있어 '억양(语调)'은 매우 중요하다. 그것은 비분절음이지만, 문장의 종류를 나타낼 수 있다. 따라서 보문사의 하나로 치는데 무리가 없다. 또 전통문법에서 어기조사로 분류되는 일부의 단어(吗, 吧, 啊)도 문장 종류를 결정하는 기능이 있으므로 보문사의 하나로 친다.[16]

---

15) 영어에서의 보문사(Complementizer/C/COMP)에 대해 Radford(2012[2004]: 52-57)는 'that', 'if', 'for'등의 예를 든다.
(a) I think [**that** you may be right].
(b) I wonder [**if** you can help me].
(c) I'm anxious [**for** you to receive the best treatment possible].
그의 설명에 의하면, 각각 꺽쇠 부분은 동사의 보충어이며, (a)의 'that'는 자신의 보충어인 정형절에 대해 '진술의 힘'을 가짐을 표시(Finite declarative force)하고, (b)의 'if'는 자신의 보충어 정형절에 대해 '의문의 힘'을 가짐을 표시(Finite interrogative force)하며, (c)의 'for'는 자신의 보충어인 비정형절에 대해 '서상법적 표현임'을 표시(Non-finite irrealis force)한다.

16) 邓思颖(2010)은 F라고 약칭하고, 어기조사는 주로 양태(modality, 语态)와 화행(speech act) 등을 나타낸다는 점에서 독립된 품사의 하나로 여긴다. 또, 일부의 어기조사는 초점을 나타내는 기능을 담당하기에 '초점사(焦点词)'라고 하며 모두 어기(Force)를 표시한다고 설명한다. 그러나 본서는 어기조사에 대해 그것의 문말 분포나 기능차원에서, 보문사의 하나로 처리하는 것이 더 많은 해석을 할 수 있다고 본다.

(11) 중국어 보문사의 분류와 예

보문사 분류		보문사의 예
명시적 보문사	진술	문장부호(。), 일부 어기조사, 일부 접속사
	의문	문장부호(?), 吗
	명령	문장부호(!), 일부 어기조사
	감탄	문장부호(!), 일부 어기조사
비명시적 보문사	진술	어조
	의문	어조
	명령	어조
	감탄	어조

이상 본서의 품사 분석은 중국어 단어의 대부분 영역을 포함하지만 모두 논의 했다고 말할 수는 없다. 전통문법에서 자주 접하는 품사이지만 위에서 언급되지 않은 일부의 단어에 대해 생각해보자.

첫째, 조사를 독립적인 품사의 하나로 볼 수 있는가의 문제이다. 吕叔湘(1979: 38)은 "어기조사를 제외하고 모두 '단어'의 자격을 유지할 수 있는가의 문제가 어느 정도 존재한다."고 한다. 본서는 일부 어기조사만이 앞서 언급한 시제사(예: 了$_2$) 혹은 보문사(예: 吗)에 속하며 독립적인 품사라고 본다. 이 외 기타 소위 '구조조사', '동태조사' 등은 접사로 친다. 邓思颖(2010)도 동태조사는 반드시 동사의 접미사로 분류되어야 하며 독립적인 품사로 볼 수 없다고 한다.[17] 한편, 전통문법에서 말하는 구조조사 '-的'와 '-地'는 각각 관형어와 부사어를 구성하는 접사로, '-得'는 보어를 이끄는 접사로 파악된다.

둘째, 전통문법에서 '의성사(拟声词)'라고 하는 단어(예: 噼里啪啦, 탁탁, 탕

17) 중국어에서 '상(aspect, 体/体貌)'을 나타내는 성분이 있는데, 이를 '상표기(aspect markers, 体标记)'라고도 한다. 예로 '着, 了, 过'가 있다. 중국어 전통문법학계에서는 이러한 성분을 '조사(助词)'에 포함시킨다. 《中学教学语法系统提要》, 刘月华등(1983, 2001), 张志公등(1985), 邢福义 등(1991), 胡裕树 등(1995), 北大中文系(2004) 및 黄伯荣, 廖序东(2002b) 참조. 한편, 张静 등(1980), 朱德熙(1982) 등은 상표기를 동사의 접미사로 처리한다. 중국어의 상표기가 독립적인 품사인가에 관해서는 여전히 논쟁의 소지가 있다. 邓思颖(2003b) 참조.

탕)' 및 '감탄사'라고 하는 단어(예: 啊, 咦, 哎呀)들의 품사지위 문제이다. 본서는 통사적인 관점에서 이 단어들을 독립적인 품사로 간주해야 하는 장점이 크지 않다고 본다. 따라서 이 단어들을 부사로 처리한다.

이상 중국어 단어 분류에 대한 제5강의 전체 내용을 종합하여, 표로 나타낸다.

(12) 생성문법과 전통문법의 품사명칭과 기능성 여부 대조표

	본서의 품사 명칭과 속성		전통문법학의 품사 명칭
명사성 [+ N]	명사(N)	-F	명사
	비술어형용사(NPA)		구별사 또는 비술어형용사
	양사(Cl)	+F	양사
	수사(Num)		수사
	한정사(D)		대명사
동사성 [+ V]	동사(V)	-F	동사, (술어)형용사
	전치사(P)	-F	전치사
	부사(Adv)	-F/+F	부사, 의성사, 감탄사
	접속사(Co)	+F	접속사
	경동사(v)		전치사, 차동사
	시제사(T)		어기조사(일부)
	보문사(C)		억양, 접속사(일부), 어기조사

#1. 조사 중 동태조사, 구조조사는 접사로 처리함

#2. 부사의 일부분은 '-F(내용어)'이고 일부분은 '+F(기능어)'로 처리함

제6강 구의 성격과 병합

이제 '자재부'(lexicon)의 벽돌이야기는 마감하고 생생한 건축현장인 통사부(syntax)로 진입한다. 이곳은 문장의 '집'인 구(phrase, 短语)를 짓는 건축현장이다. 이곳에서는 자재부에서 보내온 '벽돌'들을 결합시켜 좋은 집짓기에 여념이 없다. 이곳의 공정은 간단하나 매우 과학적이고, 단순해보이나 매우 흥미롭다. 이제 통사부에서 벌어지는 놀라운 공정과 그 작동 원리에 대해 구체적으로 살펴보자.

1. 성격

자질과 단어가 어휘부에서 통사부로 입력(input)되는 성분이라면, 구는 통사부에서 자질과 단어를 병합시켜 출력(output)하는 산물이다. 이 출력물은 의미부(LF)와 음운부(PF)로 보내져 점검을 받은 후 구체적으로 발화된다. 통사부의 출력물인 구의 성격에 대해 알아보자.

1.1. 통사부의 최대 단위

생성문법에서 최소 문법단위는 자질(feature, 特征)이며, 그 위에 단어(word, 词)가 있고, 그 위에 '구'가 있다. '구'는 어떻게 정의되는가?

(1) 모든 구(phrase)는 '핵(head)'을 포함하는 단어로 구성되며, 통사부에서 출력되는 가장 큰 문법단위이다.

위의 정의에 의하면, 모든 구는 반드시 '핵(head)'을 포함하며, 핵은 단어로 충당된다. 또, '구'가 '가장 큰 문법단위'라는 말은 무엇인가? 그것은 병합조작의 최종 결과물이 구라는 것이며, 이론상 구와 구로 연결된 긴 구조체도 역시 '구'라는 말이다.

그런데, 여기서 유의할 점이 하나있다. 그것은 구가 단어보다 복잡하다거나, 복잡한 것은 구이고 간단한 것은 단어라는 전통문법적인 고정관념이다. 그렇지 않다. 구는 그 구조의 복잡성과 필연적인 관계가 없다. 다음 수형도를 보자.

(2) 단어와 구의 위계 차이

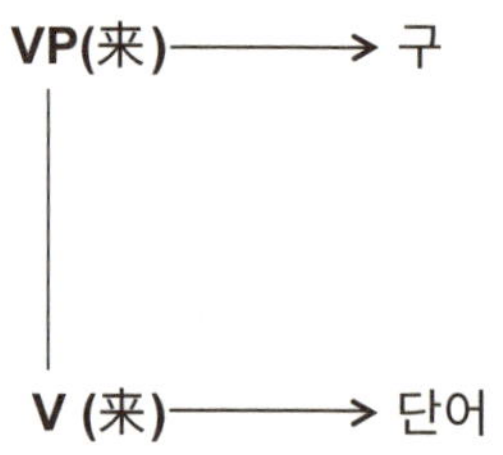

위 수형도는 단어 '来'가 구 '来'로 투사됨을 보여준다. 즉 단어(V)인 '来'와 구(VP)인 '来'는 외견상 같지만 사실은 서로 다른 통사계층에 속한다. 즉, 구는 단어에 비해 그 길이나 크기 차이에 따른 개념이 아니라 계층 차이에 따른 개념이다.

1.2. 핵의 최대 투사체

통사부의 임무는 무엇인가? 그것은 단어를 구로 만드는 것이다. 따라서 통사부에서 만들어진 구조체는 반드시 구이어야 한다. 통사부가 설령 어휘부에서 한 개의 단어(X)만 선택한다하더라도, 이론적으로 이 한 개의 단어 역시 자신의 속성을 가지는 구(XP)로 최대투사되어야 한다. 다음 수형도를 보자.

(3) 구는 핵의 최대투사체

위 수형도에서 X는 임의의 한 단어이고, XP는 임의의 구이다. 엄격히 말하면 X는 다른 성분과 병합을 하지 않았으나, 통사부에서는 그 자체가 핵이며, 최종적으로 구로 투사된다. 즉, X는 핵이고 단어 계층에 속하며, XP는 핵 X가 최대투사(maximal projection)된 구이다. 결국, 통사부의 임무는 단어를 구로 만드는 것이므로, 구를 구성하지 못하는 단어는 통사부에서 존재할 수 없다. 따라서 다음과 같이 정의할 수 있다.

(4) 모든 단어는 통사부에서 반드시 자신의 최대 투사체인 구를 구성하여 핵과 병합한다.

(4)에 근거할 때, 다음과 같은 수형도는 왜 적절하지 않을까?

(5) 잘못된 XP의 도출

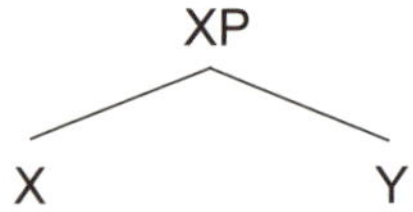

(4)에 근거할 때, X가 핵이므로, Y는 반드시 구 'YP'이어야 한다. 즉 (5)는 (4)를 위배했으므로 통사부에서 제거된다. 정확한 표현방식은 (6)이다. 이 수형도에 중국어의 단어를 대입시켜보자.

(6) XP의 도출과 예

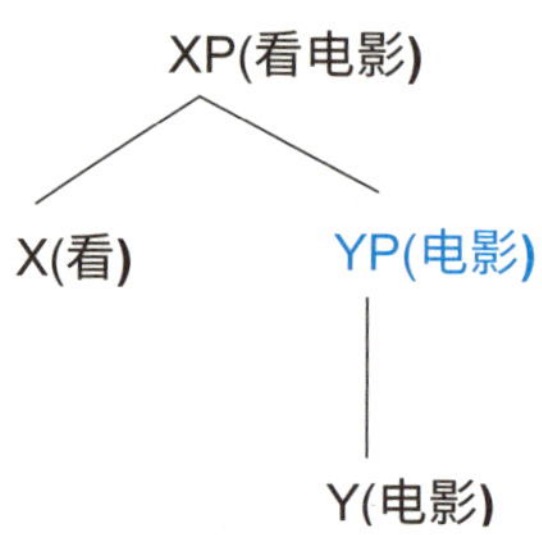

Y는 반드시 구(YP)를 형성한 후에야 핵 단어인 X와 병합할 수 있다. 따라서 '电影(영화)'은 Y에서는 단어이고, YP에서는 구이다. 이제 구 '看电影(영화를 보다)'에 대한 통사적 분석을 보자. 핵인 '看'(보다)은 언제나 단어이다. 즉, 핵인 '看'은 구(YP)인 '电影'과 병합되어 또 다른 구(XP)인 '看电影'을 구성한다. 이상에서 보듯 구의 구조는 '看电影(XP)'과 같이 상대적으로 '복잡'할 수도 있지만, '电影(YP)'처럼 하나의 단어로 이루어질 수도 있다.[1)]

1) 이처럼 '电影'은 어휘부에서는 하나의 단어이지만, 통사부에서는 하나의 구이다. 이상에서 보듯, 본서에서 말하는 '구'의 개념은 전통문법의 '구'와 다르다. 중국어 전통문법에서도 같은 '短语'라는 말을 쓴다. 그러나 이는 단어와 문장(句子) 사이에 위치하는 문법단위 개념이다. 전통문법에서는 일반적으로 短语가 词보다 '크며', 그 구조는 비교적 '복잡하다'고 여긴다. 张志公(1985:34)은 심지어 "하나의 구는 항상 두 개 이상의 단어를 포함한다."고 한다. 그에 말에 근거하면, '电影(영화)'은 단어이고 '看电影(영화를 보다)'는 구라는 결론에 빠질 수밖에 없다.

2. 병합

2.1. 정의

병합(merge, 合并)이란 '합친다'는 의미이다. 병합의 정의를 보자.

(7) 병합이란 통사부에서 일어나는 것으로, 두 개체를 하나로 묶어 새로운 개체를 생성하는 조작(operation)이다.

이때 합쳐서 이루어진 '새로운 개체'는 어떤 속성을 가질까? 즉 합치기 전의 두 개체 중 어느 것의 속성을 간직할까? 다음 예를 보자.

(8) a. 我想吃。
b. 我想吃饭。

a의 '吃'는 b의 '吃饭'으로 대체(substitution)할 수 있다. 이런 일이 가능한 이유는 무엇인가? 이는 '吃饭'이 '吃'와 동일한 속성을 가지기 때문이다. 결국, 구 '吃饭'은 핵 '吃'에 의한 병합의 결과물이며, 여전히 '吃'의 속성인 동사성을 유지한다. 이를 수형도로 나타내 보자.

(9) '吃饭'의 병합

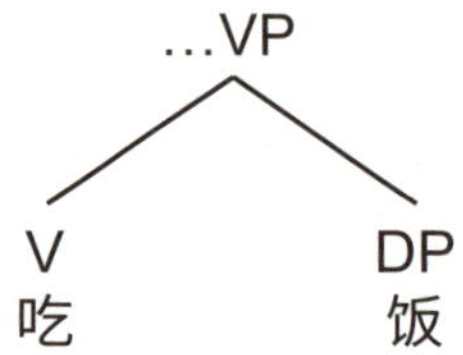

= [...VP [V 吃] [DP 饭]]

위 그림에서 좌측을 '수형도(diagram)', 우측을 '표찰붙은 괄호(labelled bracketing)'라 하며 서로 등가이다. '...VP'에서 세 점은 향후 계속 투사될 수 있으나 생략되었음을 의미한다. 위 수형도는 세 개의 절점(node)를 가지는데, 각 절점에 위치하는 요소들에 대한 명칭을 살펴보자. 좌하의 절점에 위치하는 '吃(V)'를 핵(head)이라 하고, 우하의 절점에 위치하는 '饭'은 보충어(complement)라 하며, 두 절점을 연결하는 선은 이 둘이 병합(merge)되었음을 의미한다. 상위의 이분지 절점은 동사핵(V)의 최대 투사체(maximal projection)로, 동사구(VP)라 한다. 이 수형도는 핵인 V가 자신 보충어와 병합을 통하여 여전히 자신의 문법적 속성을 가지는 동사구(VP)로 투사됨을 의미한다. 따라서 다음과 같이 정의 할 수 있다.

(10) 핵은 투사되는 구의 문법적 속성을 결정한다.

위 수형도 (9)를 예로 들면, 동사 핵 '吃'의 투사체인 '吃饭'은 동사적 속성을 가짐으로 동사구(VP)가 된다는 뜻이다. 이상의 내용을 수형도상에 표시해보자.

(11) '吃饭'(VP)은 '吃'(V)의 투사체

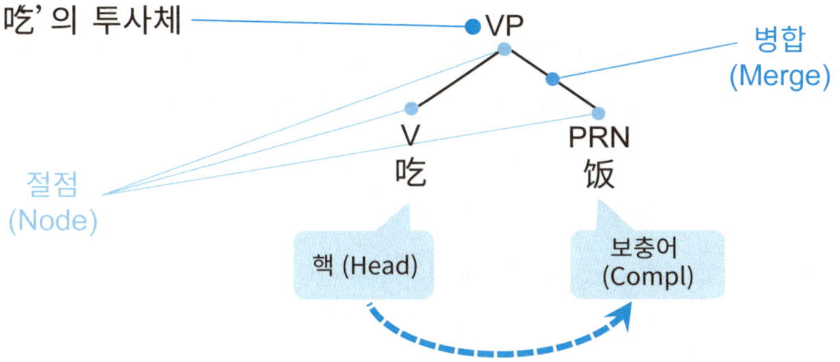

통사부는 어휘부에서 필요한 단어를 가져온 다음, 구를 만들기 위해 단어를 결합하는 조작을 담당한다. 이때 단어를 결합하는 조작을 '병합'이라 하며, 이런 일련의 과정을 '도출(derivation, 推导)'이라 한다.

(12) 도출이란 어휘부에서 가져온 단어들을 결합시켜 유의미한 계층구조를 만드는 일련의 과정이다.

왜 '병합'을 통사부의 가장 중요한 조작이라 하는가? 그것은 통사구조를 형성하는 필수적인 수단이기 때문이다. 통사부는 어휘부(lexicon, 词库)의 단어를 추출하여 안정적인 구를 도출하여, 다른 부분들에게 제공한다. 구를 만드는 구체적인 방법이 바로 '병합'이며, 그 일련의 과정이 '도출'이다.

2.2. 이분지성

최소주의(MP)이론에서 모든 병합은 오로지 두 통사성분간의 결합으로 이루어진다. 이를 병합의 '이분지 원칙(Binarity Principle)'이라 한다.[2]

2) 이는 음운(phonological)이나 형태(morphological)적 구조체(structure) 구성에 있어서도 동일하게 적용되는 원리이다.

(13) 모든 병합은 이분지적(binary)으로만 진행된다.

어떤 두 개의 통사성분이 이분지적으로 병합되면 어떤 결과가 될까? 병합된 결과물은 하나의 구를 이룬다. 여기에 또 다른 핵이 작동하면, 역시 이분지 병합이 발생하며, 이는 계속적으로 순환(recursion)된다. 결국, 모든 병합은 이분지적인 1:1 병합만이 존재한다.

'구'를 구성하는 방향은 '아래에서 위로(down to up)'이다. 따라서 가장 하단의 단어로 시작하여 최종적으로 하나의 계층구조(hierarchical structure, 层次结构)를 형성한다. 다음 예문의 B를 도출하는 수형도를 보자.

(14) A: What are you doing?

B: We are trying to help you.

(15) 'We are trying to help you.'의 도출

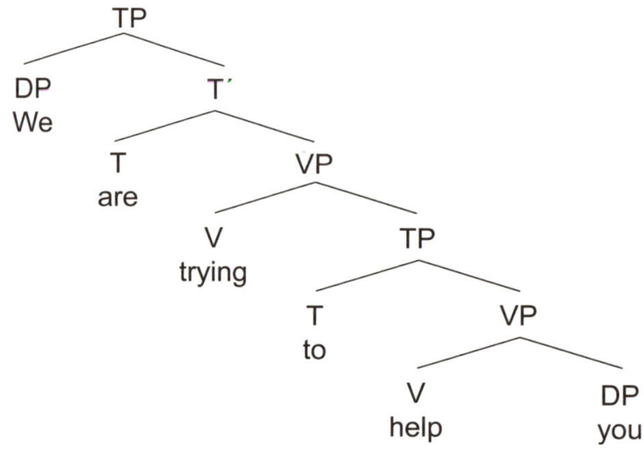

위의 수형도는 5개의 층위를 가지는 비교적 복잡해 보이는 수형도이다.[3] 그

3) 영어에는 반드시 주어가 있어야하기 때문에 언제나 시제사(T) 레벨을 투사한다. 영어의 시제사(T)는 확대투사 자질(EPP feature)을 가지고 있다고 가정되며, 이를 통해 TP-Spec 자리에서 주어가 도출된다.

러나 각각의 층차마다 모두 이분지적으로 구성된다. 그렇다면 최소주의에서 다음과 같은 수형도는 왜 인정되지 않는것일까?

(16) 'We are trying to help you.'의 잘못된 도출

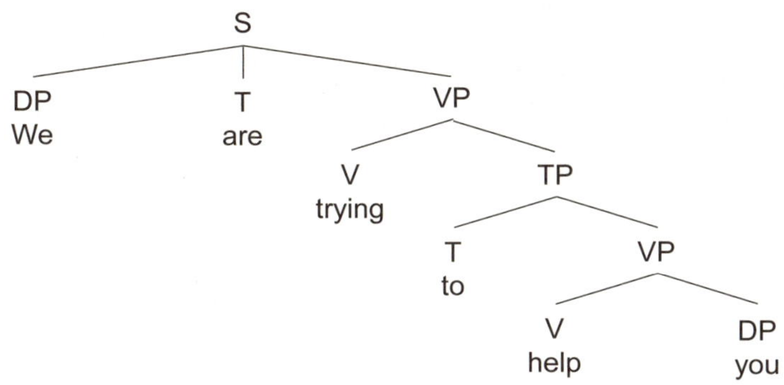

최상층부가 이분지적이지 않기 때문이다. 이 경우 핵이 무엇인지 판별할 수가 없다.

병합은 두 개의 통사성분이 결합되어 다시 하나의 결합체를 만드는 조작이다. 따라서 어휘부에서 통사성분 X와 Y 두 개를 선택하는 이분지 병합은 아래와 같은 집합(set, 集合)의 방식으로 그 관계를 나타낼 수 있다.

(17) {X, Y}

(17)에 대해 핵이 무엇인지 모른다면, 우리는 다음과 같은 두 개의 수형도로 표현할 수밖에 없다.

(18) a. X가 핵인 경우 b. Y가 핵인 경우

그림(18)a는 X가 핵이 되어 XP로 투사된 경우고, 그림 b는 Y가 핵이 되어

YP로 투사된 것을 나타낸다. 즉 전자는 X의 문법적 속성을 반영하는 구이고, 후자는 Y의 문법적 속성을 반영하는 구이다.

이제 X가 핵이라고 설정하고, 그림(18)a에 대해 살펴보자. 만약 여기에 새로운 성분이 추가되지 않으면 도출과정은 여기서 병합을 멈출 것이며, XP는 그림(18)a의 최고 계층이며, 이를 X핵이 최대투사된 '구(phrase)'라 한다.[4)]

다시 통사부가 어휘부에서 단어 X, Y, Z 세 개를 선택하는 병합에 대해 생각해보자. 이 경우는 핵의 수에 따라 둘로 나뉜다.

첫째, 핵이 한 개인 경우

위의 예(18)a-b가 한 번의 병합으로 도출되었다면, 이제 Z성분을 추가하여 두 번의 병합을 통하여 도출되는 구를 상정해 보자. 이때 핵이 X 하나라면, 그 구조체는 최종적으로 하나의 핵에 의한 구조체이며, 다음과 같이 표현할 수 있다.

(19) 핵 X의 투사체(1)

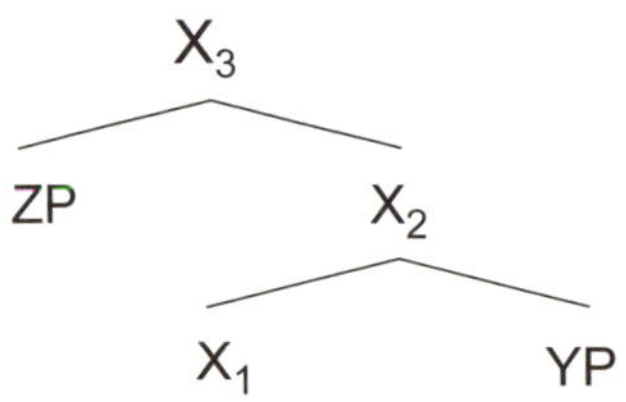

위 수형도는 핵 X가 '$X_1 \rightarrow X_2 \rightarrow X_3$'으로 투사된 구조체이다. 만약 도출과정이 수형도(19)에서 멈추었다면, X_3은 전체구조에 대한 표찰(label)이며, 핵 X가 최종적으로 투사된 하나의 구이다. 이때 X_2는 구 X_3과 핵 X_1 사이에 낀 단계로, 이를 '중간투사(Intermediate Projection)' 단계라 한다. 이 '중간투사'는 통사적으로 독립적이지 못한 단계이다. 통사론에서 일반적으로 '바(bar, 杠)'로 '중간투사'를 설명하며, 그림 (20)처럼 'X''로 표시한다. 결국, {X, Y, Z} 세 개의 성분이 하나의 핵 X에 의해 병합된 구는 아래와 같이 일반화하여 표현할 수 있다.

4) 따라서 어떤 핵이 최대투사되어 이루어진 구는 해당 핵의 최상위 계층이다. 이때 X는 이 구의 속성을 결정하는 관건이 되므로 이 구의 '핵(head, 中心语)'이라 한다.

(20) 핵 X의 투사체(2)

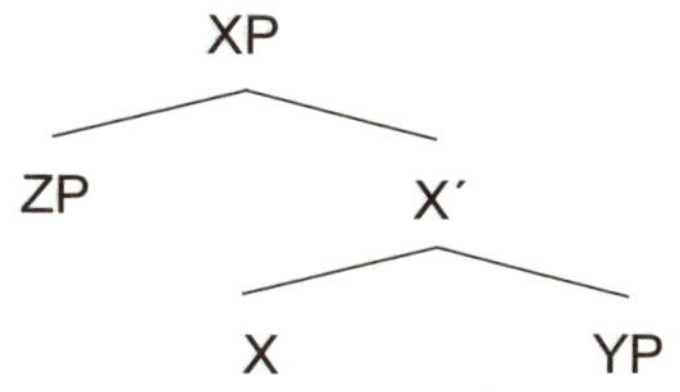

모든 병합은 이분지적으로만 발생한다. 그림(20)의 YP는 가장 먼저 핵 X와 병합된 통사성분이고, ZP는 두 번째 병합에서 개입된 통사성분이다. 그림에서 X, YP, ZP의 위치는 구(XP)를 구성하는 각 통사성분의 위치이다. 이들 통사적 위치를 기술하기 위해 핵(head, 中心语), 보충어(complement, 补足语), 지정어(specifier, 指定语) 등의 전문용어를 쓴다.[5] 아래 그림을 보자

(21) 통사성분의 위치와 명칭

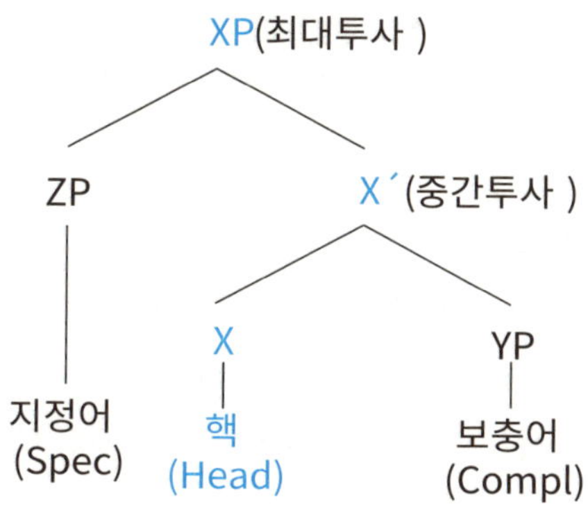

위 수형도에서 보충어(YP)는 핵(X)과 병합하는 첫 번째 통사성분이고, 지정

5) 각 성분에 대한 이홍배(1991: 271, 276, 283, 295)의 용어 해설을 참고하면 다음과 같다.
① 핵(Head) : 구의 속성을 결정하는 주요 단어를 말한다.
② 보충어(Complement) : 핵과 결합하여 근본적으로 핵과 같은 종류의 범주로 투사되는 표현을 가리킨다. 보충어는 핵과 형태·통사·의미적으로 밀접한 관계를 가진다.
③ 지정어/명시어(Specifier) : 자신을 포함하는 구의 핵을 선행하는 특정 유형의 성분이 수행하는 문법기능을 말한다.
④ 부가어(Adjunct) : 사건이 일어나는 시간, 장소 또는 방식을 명시하는 데 사용되는 성분 혹은 확대된 성분을 만들기 위해서 [+ V]인 성분에 부가되는 성분을 가리킨다.

어(ZP)는 두 번째로 병합에 참여하는 통사성분이다. 이 구조의 최대 투사체는 X를 핵으로 하는 XP이다.

둘째, 핵이 두 개인 경우

통사부가 어휘부에서 추출한 X, Y, Z 세 개의 통사성분을 병합할 때, 핵이 두 개이면 다음과 같은 구 구조를 얻을 수 있다.

(22) 핵이 두 개인 병합관계

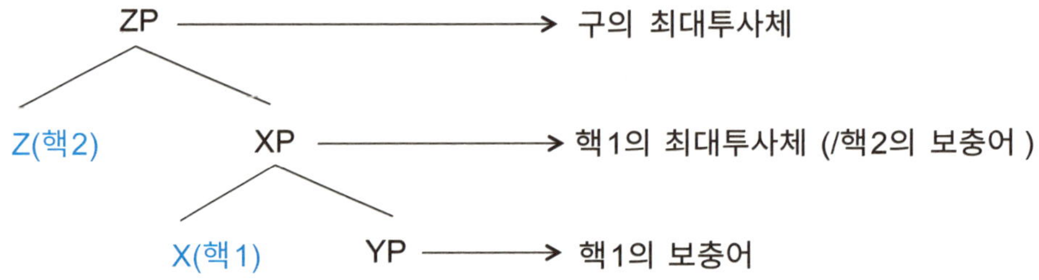

위의 수형도에서 X와 YP의 병합은 XP로 최대투사되었고, 여기에 다시 핵 Z로 인해 ZP로 최대투사되었다. 수형도에서 1단계의 구조체 XP는 이중신분이다. 즉, 핵 X의 최대투사체이자. 핵(Z)의 보충어이다. ZP는 Z를 핵으로, XP를 보충어로 하여 최대투사된 구이다. 결국, (22)는 계층관계를 가지는 두 개의 핵으로 이루어진 하나의 구조체(ZP)이다.[6]

6) 이상의 병합관계는 또 다른 핵이 계속적으로 출현하더라도 동일하게 작동하는 순환원리이다. 이론적으로 인간은 이런 순환적 병합방식을 통해 무수한 핵을 포함하는 무한히 긴 구조체(phrase)를 만들 수 있다. 순환성(recursion)에 대해서는 7강의 3에서 구체적으로 설명한다.

2.3. 내부병합과 외부병합

2.3.1. 내부병합

'내부병합(Internal Merge)'은 일정한 구조 내에서 이미 선택되어 병합된 단어를 복사(copy)하여 이동(movement)시킴으로써 도출(derivation)이 진행 중인 구조와 다시 병합시키는 조작이다. 따라서 내부병합은 (한 개의 독립적이고) 구조적 관계가 있는 성분들 간에 병합되는 연산과정이다.

'내부병합'은 어떻게 실현되는가? 내부 병합은 '이동'을 통해 실현된다. 그렇다면 이동의 조건은 무엇일까? 이미 언급한 바와 같이 내부병합은 통사부에서 일정한 구를 도출하는 과정에서 이미 병합조작을 거친 성분을 다시 복사하여 목적지로 이동시켜 최종적으로 다시 병합시키는 일련의 조작이다. 여기에는 상응하는 여러 원칙적 조건들이 있다.[7] 한편, 내부병합은 '핵 이동'과 '논항이동'의 두 종류가 있다.

---

7) 촘스키(1995)가 제시한 외현적 이동에 관한 원칙적 조건은 다음과 같은 것들이 있다.
첫째, 계산효율의 원리(The Principle of Computational efficiency) : 세상 만물은 끊임없이 '계산'하며, 이는 언제나 '계산효율의 원리'를 따른다. 예를 들면, 물은 낮은 곳으로 흐르는데 이것 역시 '만약 B지점이 A지점 보다 낮다면 A지점에서 B지점으로 흘러야 한다.'는 연산원칙을 거친다. 만약 두 개의 돌출된 장애물이 'A'와 'B'의 사이에 가로놓여 있는데 하나는 좀 높고 다른 하나는 그에 비해 좀 낮다면, 물은 힘을 적게 들이는 비교적 낮은 장애물을 넘어 아래로 흘러갈 것이다.
둘째, 도출의 경제성 원리(Economy condition of Derivation) : 통사적 도출을 구성하는 모든 조작(병합과 이동)은 경제성 원리를 만족시켜야 한다. 이는 '오컴의 면도날'을 말하며 어떤 현상을 설명할 때 불필요한 가정을 해서는 안 된다는 것이다. 즉, 같은 현상을 설명하는 두 개의 주장이 있다면 간단한 쪽을 선택하라는 것이다.
셋째, 최후수단 원리(Principle of Last Resort) : 명사성 논항성분이 의미역을 받는 위치는 바로 구조격을 받는 위치이고, 의미역과 구조격이 짝을 이루는 구조를 '표준구조(canonical structure)'라고 한다. 모든 이동은 이런 표준구조에서 시작되며, 모든 외현적 이동에는 반드시 원인이 있으며 아무런 이유 없이 제멋대로 이동할 수는 없다. 따라서 표준구조에서 원래의 위치에 그대로 있는 것이 우선적인 선택이고, 이동하지 않아도 된다면 그대로 둔다는 것이 '최후수단의 원리'가 의미하는 것이다.
넷째, 이기성 원리(Principle of Greed) : 이동은 어떤 원인으로 인해 어쩔 수 없이 일어난 것으로, 그 이동의 원인은 '비해석성 자질(uninterpretable features)'의 점검을 위해서이다. 만약 어떤 한 성분이 '비해석성 자질'을 갖고 있지 않다면 이동할 필요가 없고 원래의 표준위치에 있으면 된다. 이동하지 않아도 되는 성분이 이동해야만 하는 다른 성분을 돕기 위해 이동할 필요는 없다. 이것이 '이기성 원리'이다.

1) 핵 이동

핵 이동은 반드시 '핵에서 핵으로 이동(head to head movement)'한다.

(23) 핵 이동 예시도

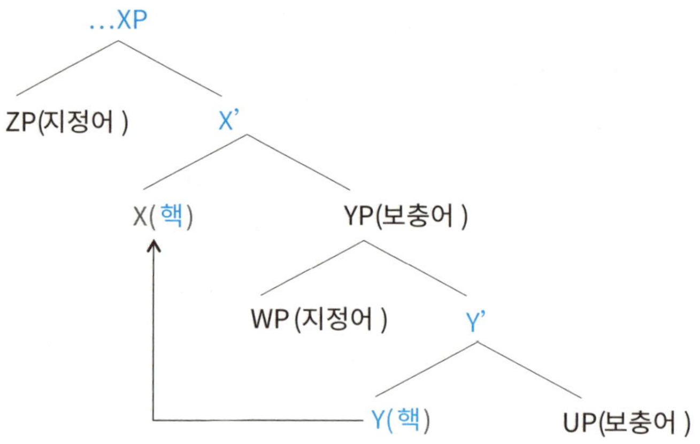

수형도에서 보듯, 하위의 핵 'Y'는 상위의 핵 'X'를 향하여 이동한다. 이러한 이동을 '핵이동'이라 한다. 다음 수형도를 통해 중국어에서 핵 이동의 양상을 살펴보자.

(24) 중국어 핵 이동의 예

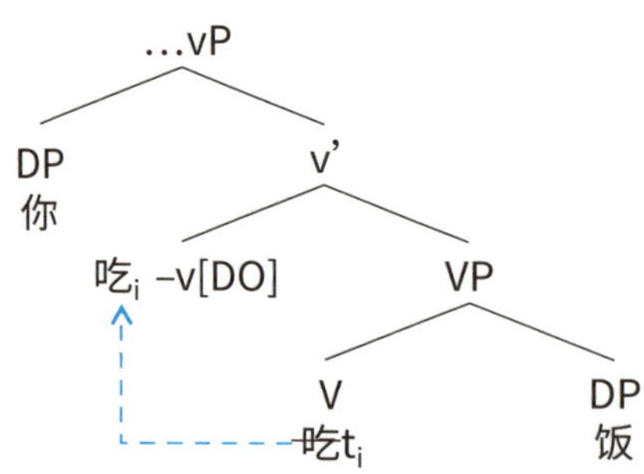

수형도에서 보듯, 't_i'의 자리에 있던 동사 핵 '吃'는 흔적을 남기고, 경동사 핵의 위치로 이동한다.[8] 이를 통해 '吃$_i$-v[DO]'라는 '복잡한 핵'(complex

8) '吃i'의 첨자 'i'는 동일지시 표지로, 하위 '흔적(trace)$_i$'의 자리에서 이동한 것임을 말한다.

head)을 이룬다. 이렇게 보면, 핵 이동도 병합의 일종이다. 즉 하위의 핵이 상위의 핵에 이끌리어 병합됨으로써 상위 핵의 속성으로 융합되는 현상이다.

핵이동의 조작에 있어 적용되는 중요한 원칙은 '최소거리 유인책'이다. 상위에 위치하는 강자질의 핵은 하위 구성소에서 자신의 속성과 유사한 속성의 성분을 당기는 힘이 있는데, 이때 가장 가까이에 있는 구성소로부터 그것을 유인한다. 이를 최소거리 유인책(Attract Closest Principle/ACP)이라 한다. 이상의 내용에 근거하여 다음과 같이 정의한다.

(25) 핵은 가장 가까운 위치에 있는 핵의 자리로만 이동한다.

2) 논항이동

'논항(argument)'이란 한정사구(DP)가 '술어(predicate)'와의 관계성 속에서 설정되는 개념이다. 모든 술어는 자신의 성질에 맞는 개수의 논항을 필요로 한다.[9] 다음 수형도를 통해 논항의 배열 위치에 따른 명칭을 알아 보자.

(26) 논항의 배열: 내부논항과 외부논항

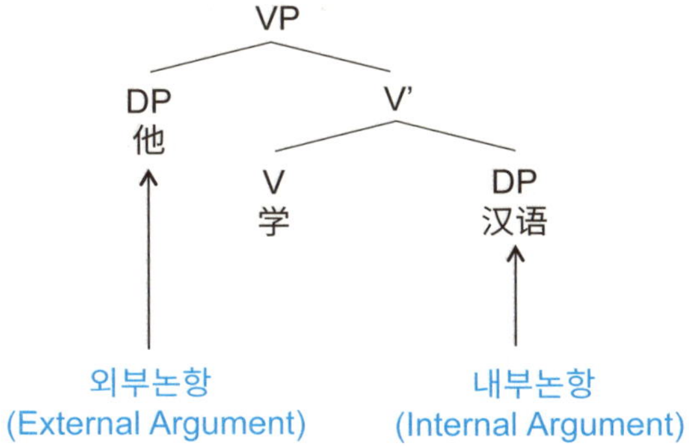

9) 즉, 1가 술어(one place predicate)는 하나의 논항을, 2가 술어(two place predicate)는 두 개의 논항을, 3가 술어(three place predicate)는 세 개의 논항을 필요로 한다. 일반적으로 술어동사와 선택 관계를 가지는 한정사구를 상정하지만 명제도 논항이 될 수 있다. 논항과 의미역에 대한 자세한 내용은 제9강과 10강에서 다룬다.

동사 핵 '学'을 중심으로 하여 그 보충어 '汉语'를 내부논항(internal argument)이라 하고, 지정어(Spec) 위치에 놓인 '他'를 외부논항(external argument)이라 한다. 이러한 논항들은 일정한 통사구조를 완성시키기 위해 이동할 수 있다.

(27) 논항이동 양상

a.

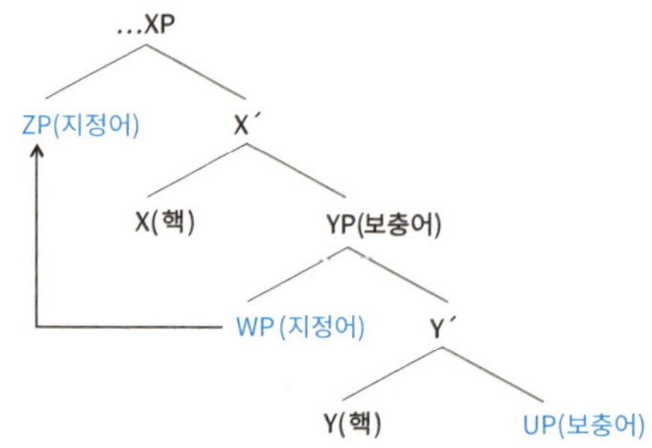

b.

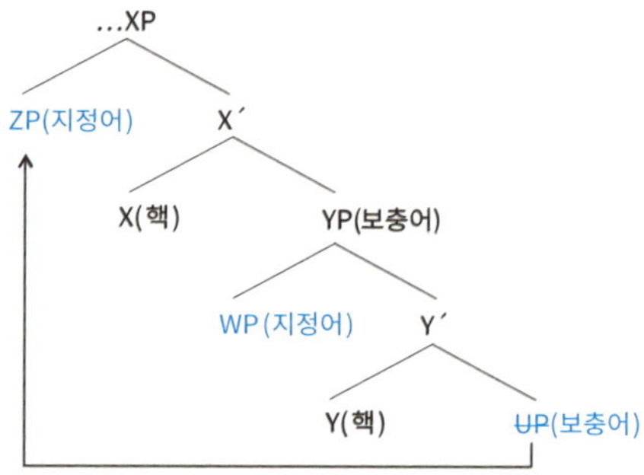

수형도에서 보듯, 지정어나 보충어 위치의 논항성분은 상위의 논항자리인 지정어(Spec) 자리로만 이동할 수 있다. 이를 '논항이동(Spec to Spec movement, A-movement)'이라 한다. 중국어에서 논항이동의 예를 보자.

(28) '你吃饭了'의 논항이동

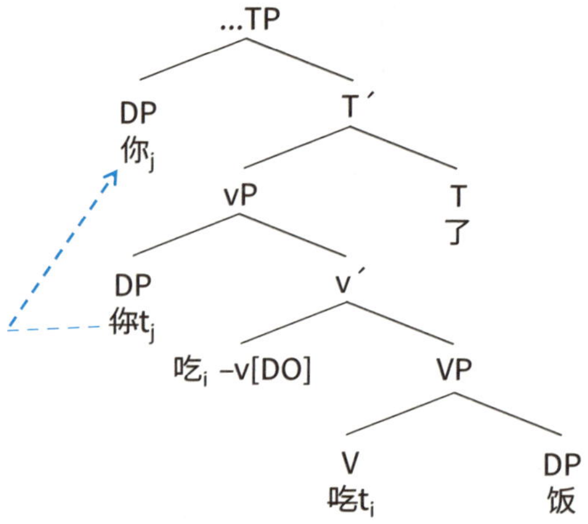

수형도에서 경동사구(vP)의 지정어 위치에 있던 논항 '你'는 시제사의 지정어 자리(TP-Spec)로 이동하였다. (27)a와 (28)의 예에 근거하여 다음과 같이 정의 할 수 있다.

(29) 지정어 자리의 논항은 지정어 자리로만 이동한다.
(spec to spec movement).

한편, (27)b에서 이미 보인 바 있듯, 보충어 논항도 지정어 자리로 이동이 가능하다. 이런 이동을 가장 잘 보여주는 것이 영어 'Wh-이동'과 중국어 화제화 이동 현상이다. 먼저 영어 'Wh-이동'에서 논항의 이동양상을 보자.

(30) 'Wh-이동' 의 예

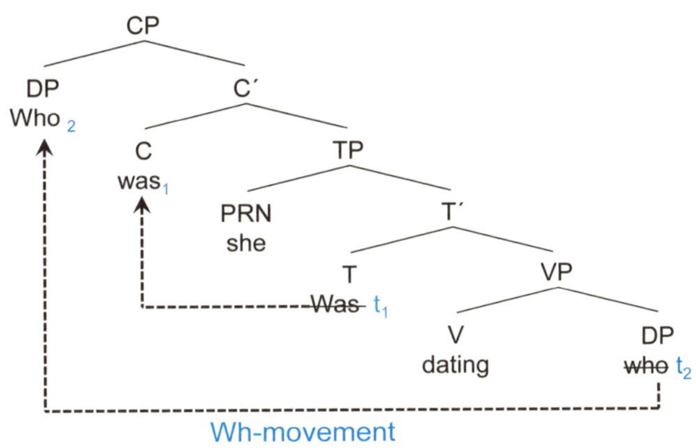

그림에서 보듯, 보문사핵(C)에 의해 시제사핵(T) 'was'가 C핵 자리로 이동(핵이동)하고 나면, 보문사구의 지정어 자리(CP-Spec)가 비게 된다. 이때 보문사핵이 가지는 강자질인 확대 투사자질(EPP feature)을 점검하기 위해 영어의 의문사들은 반드시 이 지정어 자리를 채우는 이동을 한다. 따라서 동사 핵의 보충어로 쓰였던 논항인 의문대명사 'who'가 이동한다. 이러한 이동을 소위 '의문사이동(Wh-movement)'이라 한다.

중국어에서는 논항이동의 예로 화제화 논항이동을 들 수 있다. 이미 제2강의

(12)에서 예시한 바 있는 '汉语句法学$_i$, 我喜欢 t_i。'을 예로 보자.

(31) 중국어 화제화 논항이동

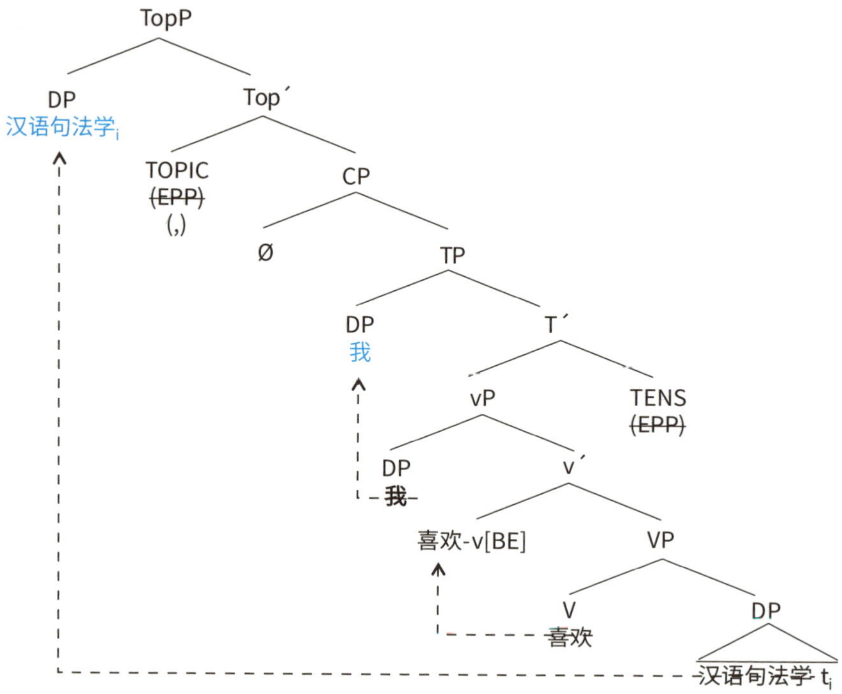

화제핵(TOPIC)은 자신의 확대투사자질(EPP feature)의 점검과 만족을 위해 동사핵의 보충어 논항인 '汉语句法学'을 화제구의 지정어 자리(TopP-Spec)로 이동시켰다. 중국어에서 보이는 화제화 논항이동 역시 '논항은 논항의 자리로만 이동한다'는 것을 보여준다.

2.3.2. 외부병합

'외부병합(External Merge)'이란 어휘부에서 새로운 어휘를 통사부로 끌어와 도출(derivation)이 진행 중인 구조와 결합시키는 조작을 말한다.

영어에서 비대격동사(Unaccusatives)[10]의 주어가 어떻게 형성되는가를 통

10) 비대격동사에 대해서는 본서 제5강과 제9강의 해당 부분을 참조하라.

해 외부병합의 실현 양상을 보자.

(32) a. **There** have arisen several complications.
b. **Several complications** have arisen.

위 a, b에서 보듯 영어의 비대격동사인 'arisen' 두 종류의 주어를 가질 수 있다. 먼저 a의 도출을 보자.

(33) '**There** have arisen several complications.'의 도출

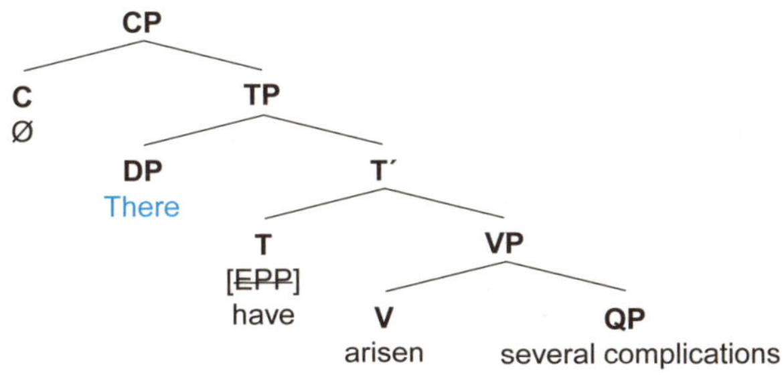

수형도에서 보듯, 주어 자리(TP-Spec)에 있는 There는 하위 계층에서 이동한 것이 아니다. 이것은 어휘부에서 직접 가져온 것이다. 이러한 병합을 '외부병합'이라 한다.

한편, b의 도출에 관한 다음 수형도를 보자.

(34) 'Several complications have arisen.'의 도출

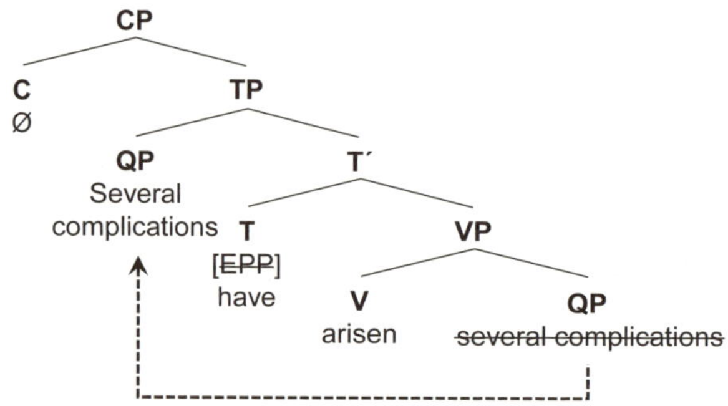

이 경우는 시제사(T)의 확대투사자질(EPP feature)을 충족시키기 위해 동사의 보충 논항 'several complications'을 복사하여 TP-Spec의 자리로 이동시켰다. 따라서 이 경우는 구의 내부성분을 이용한 복사와 이동을 통한 병합 즉, '내부병합'이다.

결국, 내부병합과 외부병합의 차이는 새롭게 병합되는 내용물의 출처가 어디인가에 달려 있다 하겠다.

제7강 구 성분의 위계와 순환성

1. 구 성분의 배열

1.1. 핵과 보충어의 배열

이론적으로 핵과 보충어의 배열로 구성할 수 있는 어순은 두 종류이다. 즉, 핵이 먼저인가 보충어가 먼저인가에 따른 어순이다.

1) 핵 선행 어순

먼저 핵이 보충어를 선행하는 다음 수형도를 보자.

(1) 핵 선행 어순 도출도

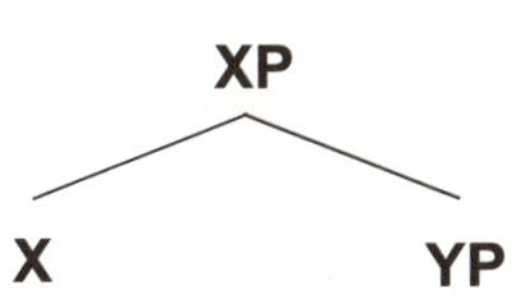

수형도에서 핵 X는 보충어 YP를 선행한다. 이런 어순을 보이는 언어는 중국어와 영어 등이다. 이러한 어순을 '핵 선행(head initial) 어순'이라 한다. 핵

선행 어순 관점에서 보면 수형도(1)의 '핵+보충어' 즉, 'X+Y'구조는 인간 언어의 기본적인 어순구조라는 것이다.[1]

2) 핵 후행 어순

핵이 보충어를 후행하는 다음 수형도를 보자.

(2) 핵 후행 어순 도출도

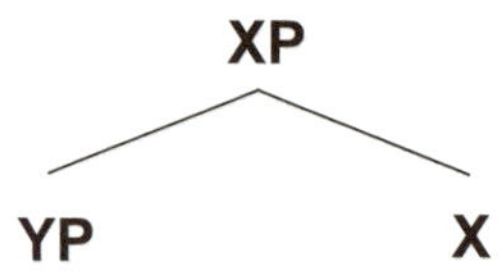

이러한 어순을 핵 '후행(head final) 어순'이라 한다. 한국어, 일어등의 어순이 이에 해당한다. 이것을 주장하는 이들은 수형도(2)와 같이 구성된 '보충어+핵' 즉, 'Y+X'가 인간언어의 기본적인 어순구조라 한다.[2]

이상에서 살펴본 바와 같이 핵 선행 어순이냐 핵 후행 어순이냐의 문제는 모두 자연언어에서 가능한 도출이며, 개별 언어에서 보이는 사실적 현상이다. 따라서 어떤 입장에 선다 해도 틀림없다. 다만, 우리는 중국어 통사현상을 해석하는 입장에서 핵 선행 어순의 관점에서 통사문제를 바라볼 것이다.

(3) 중국어에서 핵은 원칙적으로 보충어의 앞에 위치한다.

그런데 위의 정의는 약간의 설명이 필요하다. 즉, 중국어의 동사(V)와 경동사(v) 핵은 보충어 앞에 위치한다. 그러나 시제사(T)나 보문사(C) 핵은 보충어의 뒤에 위치 하기 때문이다.[3]

---

1) 최소주의 모형에서 '핵 선행 어순'을 주장한 사람은 Kayne(1994)의 '어순 대응공리(Liner Correspondence Axiom; LCA)'이다.

2) 최소주의 모형에서 '핵 후행 어순(head final)'를 주장한 것은 Takano(1996), Fukui and Takano(1998)의 '선형화(linearization)이론'이다.

3) 관련 내용은 제11강 시제사구와 제12강 보문사구의 해당 부분에서 다룬다. 정의에서 '원칙

1.2. 지정어의 배열

일정한 구조체에서 통사성분이 보이는 계층의 문제, 즉 통사성분의 '상하' 문제는 통사론의 주된 관심사이다. 이는 각각의 성분들이 어떻게 상응하는 '어순(word order, 语序)'으로 배열되느냐의 문제이기 때문이다.

지정어의 배열에 대해서는 비교적 일치된 의견이다. 다수의 통사이론은 지정어가 구의 가장 앞에 위치한다고 가설한다. 즉, '중간투사(intermediate projection)'의 앞에 위치한다. 다음 수형도를 보자.

(4) '지정어+X+Y' 어순의 도출

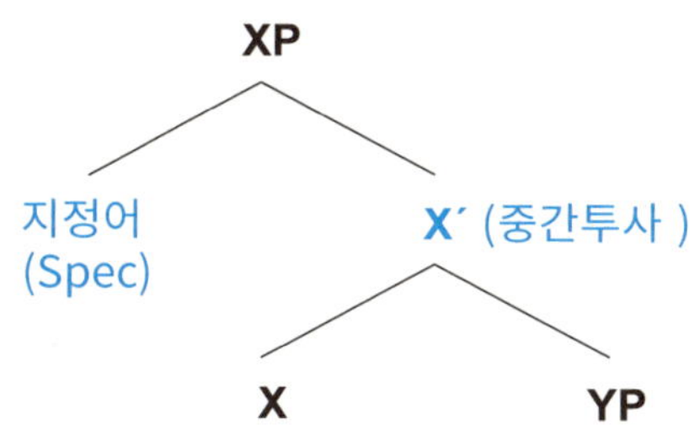

위 수형도의 어순은 '지정어+X+Y'으로 적절한 도출이다. 그러나 다음 수형도를 보자.

(5) * 'X+Y+지정어' 어순의 도출

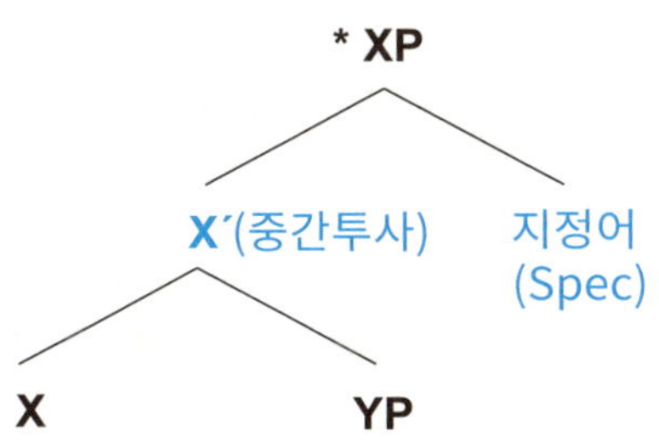

적'이란 말을 쓴 이유이다. 참고로, 핵선행 어순은 수형도로 표시하면 좌분지(left branch) 구조이고, 핵후행 어순은 우분지(right branch) 구조이다.

(5)의 구조는 지정어가 '중간투사'의 뒤에 위치하는 경우이다. 그러나 세상의 각종 언어현상을 보면 이런 가능성이 없다고 한다. 즉, 인간언어에서는 이런 어순이 적용되지 않는다. 지정어의 위치에 대한 이상의 내용에 근거하여 다음과 같이 정의 할 수 있다.

(6) 지정어는 항상 핵의 앞(/상위 계층)에 위치한다.

중국어의 지정어 역시 항상 핵의 앞에 위치한다.

2. 구 성분의 위계

생성문법은 통사계층의 '상하' 관계를 '관할'과 '성분통어'의 개념으로 설명한다.

2.1. 관할

구의 도출을 수형도로 표현할 때의 가장 큰 장점은 무엇인가? 그것은 통사계층의 '상하'관계를 명확하게 표시함으로써 시각적인 효과를 줄 수 있다는 것이다. 여기서 계층 간의 상하관계를 표시하는 것 중의 하나가 바로 '관할(domination, 支配)'이다. 먼저 다음 그림을 보자.

(14) 관할 표시도

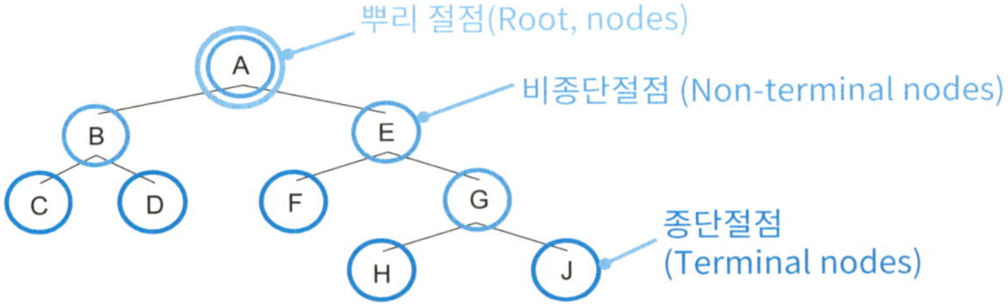

위 그림에서 영어 알파벳은 통사구조의 각 성분을 표시하며, 성분 A-H 등은 모두 각각의 절점(node, 节点)이다. 시각적인 느낌만으로도 우리는 A가 가장 높은 위치에 있고, H와 J는 가장 낮으며, G는 H와 J보다 높다는 것을 알 수 있다. 한편, 'C, D, F, H, J'는 더 이상의 분지절점이 없다. 이를 종단절점이라 한다. 따라서 종단절점은 단어의 배열 위치이다. 반면 분지절점이 있는 'B, E, G'를 비종단절점이라 한다.

'관할'은 절점과 절점 간 수직관계를 나타낸다. 각 절점과 절점 간에 선으로 연결되어 있는데 선의 상위에 있는 절점과 선의 하위에 있는 절점들 간에는 '관할관계'가 있다. 즉 상위의 절점이 하위의 절점을 관할한다. 간단한 수형도를 통해 보자.

(15) 구 성분의 관할 표시도

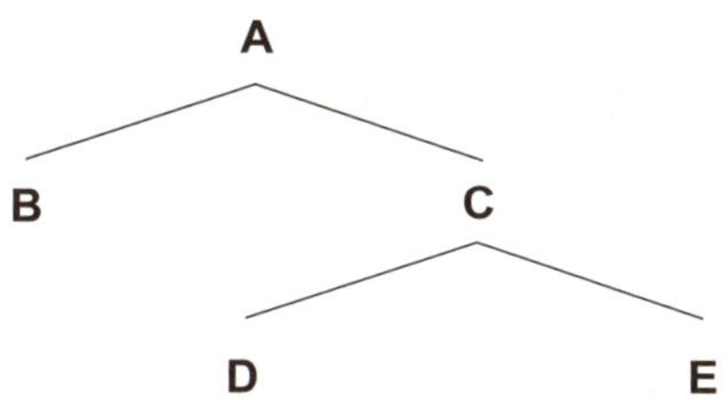

위 수형도에서 A는 선의 가장 상위에 위치하며, B와 C는 각각 절점이 A와 연결되어 있으므로, A는 B와 C를 관할한다. 마찬가지로, D와 E는 각각 C와 연결되어 있으며, C의 하위에 위치하므로, C는 D와 E를 관할한다. 결국 A는 최종적으로 자신의 하위에 있는 모든 절점들에 대해 관할한다. 관할관계는 지배성(transitivity, 支配性)이 있으며 이론상 계속적으로 확대될 수 있다.

2.2. 성분통어

성분통어(constituent command; c-command, 统领)는 모종의 구조체에 대해 계층상의 '상하'관계를 파악하는 가장 중요한 개념이다. 먼저 '성분통어'의 정의를 보자.

(16) 어떤 성분 X 위의 첫 번째 분지절점이 또 다른 어떤 성분 Y를 관할하고, X와 Y가 서로를 관할하지 않으면, X는 Y 및 그 하위 절점에 위치하는 모든 성분들을 성분통어한다.

다음 수형도를 통해 성분통어 관계를 알아보자.

(17) 성분통어 관계의 확인

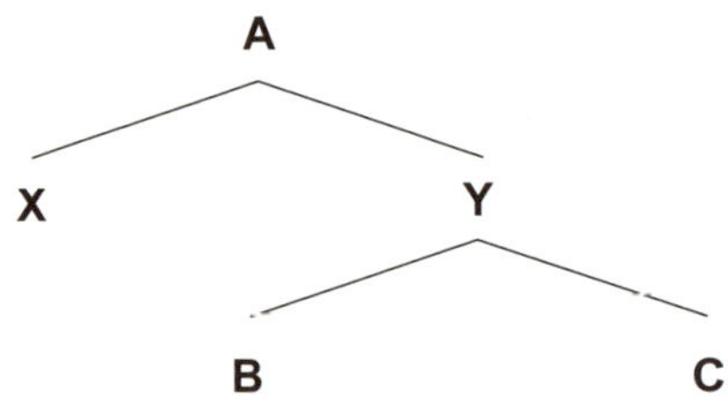

성분 X를 예로 들면, X의 첫 번째 상위 절점은 A이다. A의 하위에는 두 개의 분지절점(branching, 分叉)인 X와 Y가 있다. 이때 X와 Y 사이는 수평적 자매(sister) 관계이므로 서로 관할하지 않는다. 따라서 (16)의 정의에 따라 X는 Y, B, C 이 세 절점을 모두 성분통어한다. 다시 말해 X와 Y가 성분통어 관계인지의 여부는 먼저 X성분에서 출발하여 그것의 선을 따라 위로 올라가고 첫 번째 분지절점에서 멈추어 방향을 바꾼 다음, 그 분지절점에서 다른 선을 타고 내려와서 Y까지 내려갈 수 있는지를 살펴본다. 만약 이것이 가능하다면[4] X는 Y와 Y가 관할하는 모든 절점에 대해 성분통어관계를 가진다.

다음 수형도(18)-(19)를 통해 성분통어의 개념을 확실히 하자. 얼핏 보기에 가장 하위에 있는 것 같아 보이는 F와 E 간의 성분통어 관계를 규정해보자. 위에서 말한 어떤 성분이 첫 번째 분지절점에서 방향을 바꾸는 방법을 사용해보자.

4) 이때 X와 Y 사이는 피차 서로 성분통어하는 관계이다.

(18) 성분통어 관계 확인 절차(1)

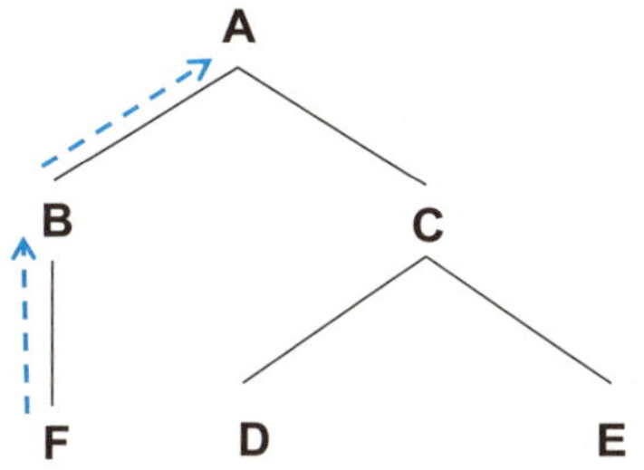

먼저 F에서 출발하여 첫 번째 상위 분지절점을 찾는다. 여기서 상위 절점 B는 분지절점이 아니므로 한 층위 더 올라가서 분지절점을 찾는다. 즉, F의 첫 번째 분지절점은 A이므로 여기서 멈춘다. 또, 다음 수형도를 보자.

(19) 성분통어 관계 확인 절차(2)

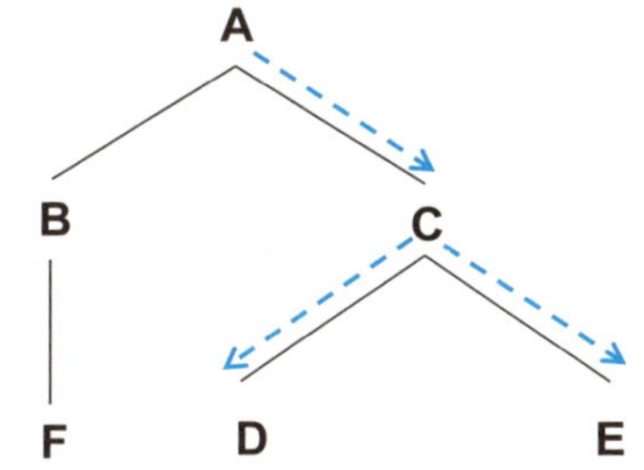

F는 A라는 첫 번째 분지절점을 찾았으므로, 여기서 방향을 바꾸어 내려온다. 하강하는 중에 이때 C라는 절점에 도달하게 되며, F는 C가 관할하는 이하의 모든 절점, 즉 D와 E에 대해 성분통어 관계를 가진다.

그렇다면, F의 반대쪽에 위치하는 E도 역시 F를 성분통어할 수 있는가? 그것은 불가하다. 다시 위와 같은 절차에 따라 성분통어관계를 검사해보자.

(20) 성분통어 관계 확인 절차(3)

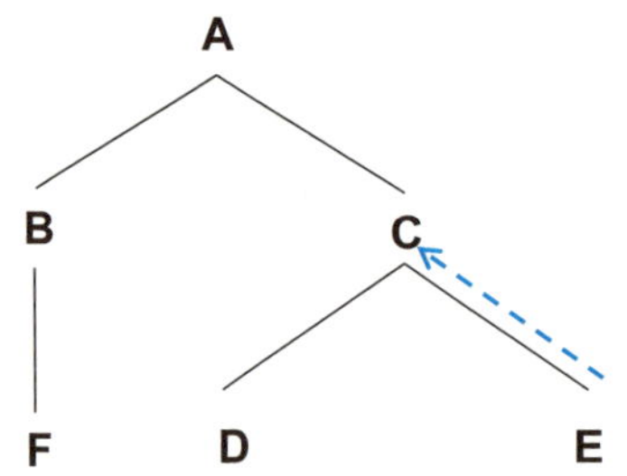

먼저 E에서 출발하여 첫 번째 상위 절점을 찾는다. C는 E의 첫 번째 분지절점이므로 멈춘다. 다시 다음 수형도를 보자.

(21) 성분통어 관계 확인 절차(4)

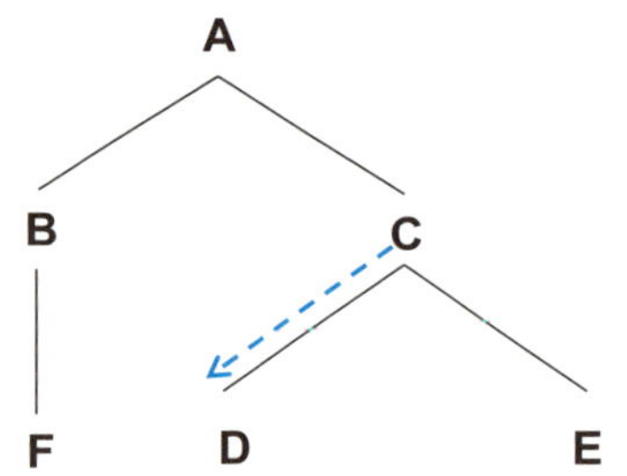

E의 상위에 있는 첫 번째 분지절점 C에서 방향을 바꾸어 내려오면 절점 D에 도착한다. 따라서 E는 D만을 성분통어할 뿐이다. 다시 말해 E는 C이상의 계층으로 올라갈 수가 없게 됨으로 당연히 F에 도달할 방법이 없다. 결국, 통사계층상 두 성분 F와 E는 수형도상에서 같은 계층에 있는 것처럼 보이지만, 실제적으로 F의 계층이 E보다 높다는 것을 알 수 있다. 이처럼 성분통어는 구 내부에 있는 두 성분 간의 구조적 계층관계를 정확히 파악할 수 있게 해준다.

성분통어는 계층구조에서 성분 간의 '상하'관계를 파악하게 함으로써 관련 문법현상을 명쾌하게 해석할 수 있게 한다. 다음 예를 보자.

(22) John shot a criminal on the wall.

이 문장은 전치사구 'on the wall'의 수식범위 때문에 중의성이 발생한다. 그러나 그 차이를 발견하고 설명하기가 매우 어렵다. 여기에 성분통어의 개념을 적용해 보자. 다음 수형도를 보자.

(23) 'on the wall'이 'shot a criminal'을 성분통어하는 경우

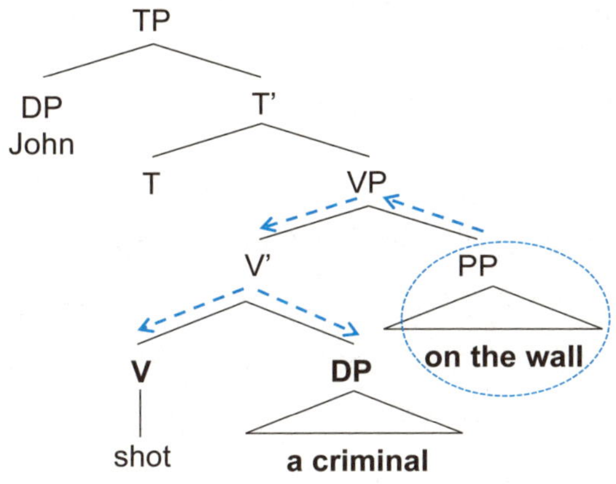

위 수형도에서 전치사구 'on the wall'은 동사구(VP) 'shot a criminal'을 성분통어 한다. 따라서 John의 행위 shot과 그 대상 a criminal이 모두 'on the wall'의 성분통어를 받는다. 따라서 John의 행위는 벽에서 발생했으며, 행위의 대상인 범인도 벽에 있는 상황이다. 즉, '존은 벽에서 벽에 있는 범인을 쏘았다'라고 해석된다. 또, 다음을 보자.

(24) 'on the wall'이 'a criminal'을 성분통어하는 경우

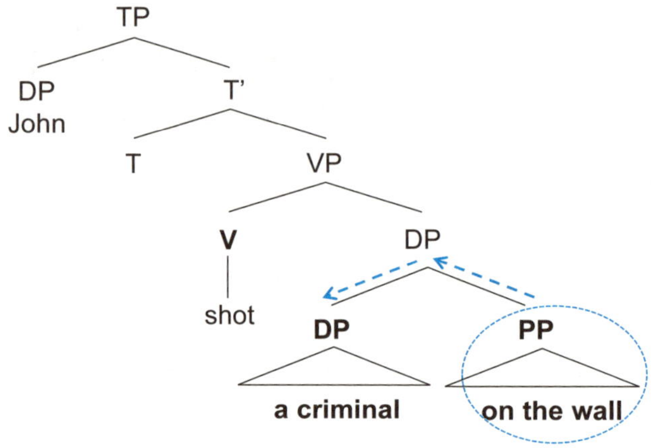

위 수형도는 전치사구 'on the wall'이 한정사구(DP) 'a criminal'만을 성분통어한다. 따라서 John의 행위 shot은 'on the wall'의 성분통어를 받지 않는다. 따라서 그의 동작은 벽이 아닌 곳에서 발생했으며, 범인만 벽에 있는 상황이다. 즉, '존은 (벽 이외의 곳에서) 벽에 있는 범인을 쏘았다'라고 해석된다.

이상에서 본 것처럼 (22)의 중의성은 매우 큰데도 이것을 증명하기란 쉽지 않다. 이때 수형도 (23)-(24)처럼 성분통어 관계를 사용하면 그 통사적 계층 차이에서 기인하는 의미차이를 시각적으로 명쾌하게 설명할 수 있다.

3. 구 구조의 순환성

인간의 언어와 동물의 언어가 보이는 차이는 무엇일까? 여러 가지기 있겠지만 언어학적으로 볼 때 본질적인 차이는 '순환성(recursion)의 유무'에 있다.[5]

---

5) 순환성 가설은 생성문법 초기부터 논의되어 왔으며, 최소주의에서도 중요한 경제성 가설의 한 가지로 연구되었다. Chomsky(1998, 1999)에서 국면이라는 새로운 개념과 함께 "문법 안에서 모든 운용은 순환적이다(Every operation is cyclic in grammar.)"라는 강력 순환가설(The Strong Cyclicity Hypothesis)이 제기되었다. 여기서 문법이란 통사론뿐만 아니라 음운론, 형태론, 그리고 어휘부까지도 내포하는 개념이다. 양동휘(2004[2003]: 201) 참조 및 인용

언어의 순환성 문제를 이해하려면, 언어는 기호 시스템이라는 관점에서 출발해야 한다. 인간과 동물은 자신들의 사회내부 소식을 교환하거나 교류할 수 있다. 이때 동물이 사용하는 매개체는 '신호(signals)'이지만, 인간이 사용하는 것은 '기호(symbols)'이다. 이런 점에서 어떤 사람들은 '인간은 기호를 사용하는 유일무이한 종(symbolic species)'라고 말한다. 그렇다면 동물의 교류 시스템인 '신호'와 인간의 교류시스템인 '기호'의 차이는 무엇인가? 먼저 그 수량에서 차이가 있다. 동물의 '신호'도 적지는 않겠지만, 조합을 통해 확장되는 인간 언어의 '기호'에 비해 제한적이다. 또, 매개체에서도 차이를 보이는데 어떤 동물은 몸짓을 사용하여 나타내고, 어떤 동물은 냄새를 사용하기도 하며, 혹은 초음파를 사용하기도 한다. 어떤 동물들은 인간과 같이 음성을 사용하지만 역시 본질적으로 차이가 있다. 인간이 사용하는 '기호'는 동물의 경우와 달리 순환성이 있기 때문이다. 인간 언어에 보이는 순환성의 예를 보자.

3.1. 다시쓰기규칙의 순환

우리는 구 구조가 순환되는 양상을 다음과 같이 다시쓰기 할 수 있다.

(25) 다시쓰기규칙의 순환

(i) S → NP + VP

(ii) VP → V + S

(iii) NP → NP + S

(i)에서 화살표 좌측 S는 입력을 나타내며, 이는 NP와 VP로 출력된다. (ii)에서도 마찬가지로 입력된 VP는 V와 S로 출력된다. 또, (iii)에서도 마찬가지로 입력된 NP는 다시 NP와 S로 출력된다. 결국 (ii)와 (iii)의 출력에서 공통적으로 보이는 S는 다시 입력되어 (i)과 같은 출력 'NP+VP'을 나타내며, 그 VP와 NP는 또 각각 S를 가짐으로써, 이 구조는 끊임없이 순환된다.

아래에서 자연언어를 통해 통사적 순환성의 구체적인 예를 보자.

3.2. 절의 순환

절(clause)의 순환, 특히 목적어 종속절이나 관형어 종속절은 계층적 순환을 통해 이론상 무한히 확장될 수 있다. 다음 예를 보자.

(26) a. 老张觉得[小李不喜欢苹果]。
장씨는 [이군이 사과를 좋아하지 않는다고] 생각한다.
b. 老张觉得[小赵以为[小李不喜欢苹果]]。
장씨는 [[이군이 사과를 좋아하지 않는다고] 조군이 여긴다고] 생각한다.
c. 老张觉得[小王知道[小赵以为[小李不喜欢苹果]]]。
장씨는 [[[이군이 사과를 좋아하지 않는다고] 조군이 여긴다고] 왕군이 안다고] 생각한다.
d. 老张觉得[小郑理解[小王知道[小赵以为[小李不喜欢苹果]]]]。
장씨는 [[[[이군이 사과를 좋아하지 않는다고] 조군이 여긴다고] 왕군이 안다고] 정군이 이해한다고] 생각한다.[6]

(26)에서 보듯 목적어절의 숫자가 계속 늘어난다. a는 1개, b는 2개, c는 3개, d는 4개가 늘어난다. 이 구조의 도출을 다음 수형도를 통해 살펴보자.

(27) '老张觉得[小郑理解[小王知道[小赵以为[小李不喜欢苹果]]]]'의 도출 수형도

6) 한국어의 목적어 내포절은 내포하는 순서 표시(꺽쇠)가 중국어와 다르지만 목적어절의 확장과 수식양상은 똑같다. 한편, 한국어에서 '-다고'는 절(clause)을 당겨 진술의 의미를 부여하는 보문사(C)에 해당한다.

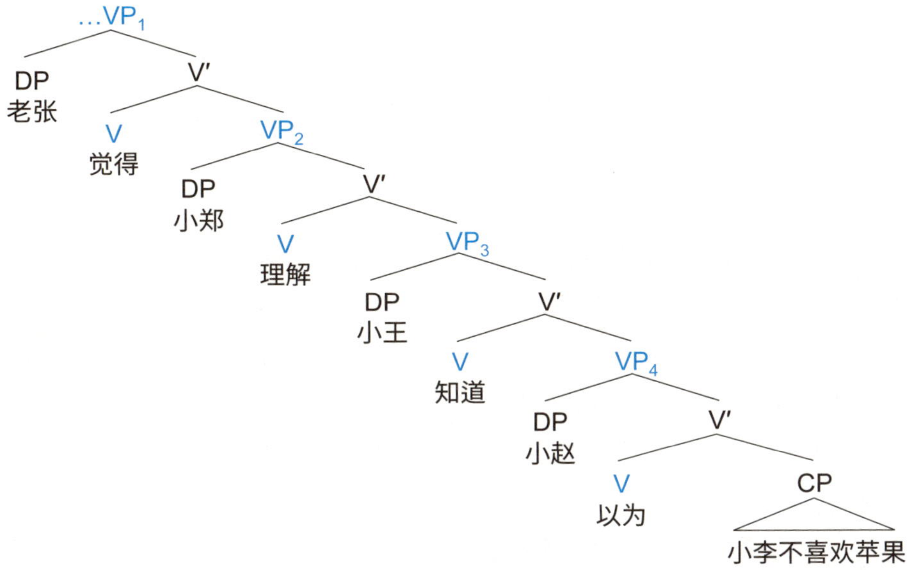

위 수형도에서 보듯, 4개의 동사핵(V)에 의해 절 보충어들이 계층적으로 병합된다. 가장 먼저 그리고 가장 아래에서 절(CP)인 [小李不喜欢苹果]는 '以为'의 보충어로 병합된다. 계속하여 [小赵以为[小李不喜欢苹果]]는 '知道'의 보충어로, 다시 [小王知道[小赵以为[小李不喜欢苹果]]]는 '理解'의 보충어로, 다시 [小郑理解[小王知道[小赵以为[小李不喜欢苹果]]]]는 가장 상위에 있는 동사 '觉得'의 보충어로 각각 병합된다. 이처럼 목적어 종속절은 동일한 구조(VP)를 계층적($VP_{1\text{-}4}$)으로 '순환'시킴으로써 이론상 무한히 확장된다. 다시 말해 인간 언어의 문장구조가 무한하게 확장이 가능한 이유는 무엇인가? 인간은 동일한 통사구조를 계층적으로 계속 순환시킬 수 있는 능력이 있기 때문이다.

그러나 아래 문장을 보자.

(28) 商店里出售香水、袜子、鳄鱼牌皮鞋、中华铅笔、牛奶、苹果、自行车……。
상점에서는 향수, 양말, 악어표 가죽, 중화 연필, 우유, 사과, 자전거…… 등을 판다.

(29) 他起床后, 睁开眼睛, 穿衣服, 穿袜子, 穿鞋, 去卫生间, 刷牙, 洗脸, 刮胡子, 回厨房, 生火, 炒鸡蛋, 泡茶, ……

그는 침대에서 일어나 눈을 뜨고, 옷을 입고, 양말을 신고, 신을 신고, 화장실로 가서, 양치질을 하고, 세수를 하고, 수염을 깎고, 주방으로 돌아와, 불을 붙이고, 계란을 부치고, 차를 끓이고, ……

(28)의 문장이 길어진 것은 단일 성분(명사)을 병렬적으로 많이 나열했기 때문이다. (29)도 마찬가지이다. 단일구조(술목구조 성분)를 병렬적으로 많이 나열했기 때문이다.[7] 물론 인간의 언어도 이러한 구조화를 포함한다. 그러나 인간의 언어는 이외에 위에서 살펴본 계층적 구조체계를 순환적으로 사용한다는 것이 동물과 다른 차이이다.

언어에서 문장의 구조는 무한하지만, 사람이 후천적 경험에서 귀로 들은 문장구조는 어느 정도 한정되어 있다. 그러나 일정한 연령대에 이른 어린이는 자기가 전혀 들어본 적이 없는 문장구조를 마음대로 구사할 수 있다. '자극-반응'이라는 행동주의나 경험주의 학습이론으로는 그가 어떻게 자극이 없었던 문장구조를 구사(/반응)할 수 있는지 설명하기 어렵다. 이처럼 사람들이 말 할 수 있거나 알아듣는 문장구조는 그가 이전에 들은 적 있는 언어의 입력양보다 훨씬 많고 다양하다. 이는 인간이 가지는 언어구조에 대한 '창조성' 때문이며, 이 언어적 창조성은 구조적 '순환성'을 통해 표현된다.

---

7) 지능이 발달한 어떤 침팬지들은 수십 개의 단어를 나열할 줄 알고 뜻도 구분할 수 있다고 한다. 그러나 그들은 통사적인 순환성을 사용할 줄 모르기 때문에, 구(phrase)를 계층적으로 확장할 수 없다. 이점에서 인간과 동물의 언어는 본질적인 차이가 있다.

제8강 한정사구(DP)

한정사구(DP)를 건축자재로 비유하자면, 그것은 명사성[+ N]을 가지는 비교적 단단하고 안정적인 벽돌 구조체라 하겠다. 한정사구는 일반적으로 동사의 빈 구멍을 채우는 논항으로 쓰인다.

1. 정의와 핵 분류

통사부에서 명사성 단어나 구는 최종적으로 한정사구로 최대투사된다. 즉, 한정사(D, Determiner)가 핵이 되어 명사구, 양사구, 수사구, 수량사구등을 보충어로 취하여 최대투사하는 구가 바로 한정사구이다. 우리는 한정사구를 다음과 같이 정의한다.

(1) 한정사구는 한정사(D)를 핵으로 하는 구로, 해당 구조체의 외형적 크기와 상관없이 최종으로 DP로 투사되는 구이다.

한정사구의 핵인 한정사는 다음과 같은 속성과 기능이 있다.

(2) 한정사의 속성과 기능

(i) 한정사(D)는 명사성 구를 보충어로 삼아 한정성과 지시성을 부여한다.

(ii) 한정사는 명시적(overt)일 수도, 비명시적(covert)일 수도 있다. 명시적인 한정사는 한정성과 지시성을 동시에 나타낼 수 있다. 반면 비명시적인 영형식의 한정사는 비한정적 지시나 총칭성(generic)을 나타낸다.

중국어의 한정사를 표로 보이면 다음과 같은 것들이 있다.

(3) 중국어 한정사의 분류

한 정 사		한정사의 예
명시적 한정사	지시대명사(指事代词)	这, 那, 某
	인칭대명사(人称代词)	我, 你, 他
	재귀대명사(反身代词)	自己
	의문대명사(疑问代词)	谁, 什么
비명시적 한정사		∅

2. 기본구조의 도출

먼저 한정사구 '这三个学生'에 대한 수형도를 보자.

(4) '这三个学生'의 도출

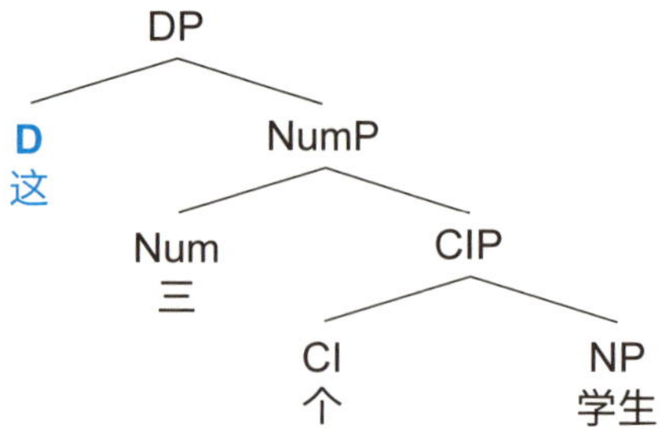

수형도에서 보듯, 이 한정사구(DP)는 먼저 양사(Cl) '个'가 핵이 되어 명사구(NP) '学生'과 병합하여 양사구(ClP)를 도출하고, 다시 수사(Num) '三'이 핵

이 되어 양사구를 보충어로 하여 병합하여 수사구(NumP)를 도출한다.[1] 여기에 한정사 '这'가 어휘부에서 선택되어 통사부에 들어가면, 수사구를 보충어로 병합하여 수형도와 같은 한정사구(DP)로 도출된다.[2] 위의 수형도를 통해 볼 때, 중국어 '这三个学生'는 '한정사구'이지, '명사구'가 아니다. 명사구는 단지 이 한정사구의 한 부분, 즉 '学生'만을 가리킬 뿐이다. 위의 수형도를 다음과 같이 '표찰붙은 괄호(labelled bracketing)'로 표현할 수 있다.

(5) a. [$_{DP}$ **D**[$_{NumP}$ Num[$_{ClP}$ Cl[$_{NP}$ N]]]]
b. [$_{DP}$ **这**[$_{NumP}$ 三[$_{ClP}$ 个[$_{NP}$ 学生]]]]

(4)-(5)에서 보듯, 한정사는 통사 계층상 한정사구의 가장 높은 위치에 놓이고, 명사는 가장 낮은 위치에 놓인다. 이를 선형관계로 보면, 한정사는 가장 앞쪽에 있고, 명사는 가장 뒤에 놓인다. 따라서 중국어는 '한정사+수사+양사+명사'의 선형적인 어순을 이룬다.[3]

한편, 위에서 제기한 '한정사+수사+양사+명사'의 한정사구(DP)는 수사가 비명시적인 다음과 같은 구조에도 적용된다.

(6) a. **那**本书 그 책
b. **每**本书 매 권의 책
c. **某**本书 어떤 한 책

1) 이를 위로부터 아래로 해석할 수도 있다. 즉 (5)에서 한정사는 하나의 수량구를 선택하여 보충어로 삼고, 수사는 하나의 양사구를 선택하여 보충어로 삼으며, 양사는 하나의 명사구를 선택하여 보충어로 삼는다는 식이다. 그러나 이 구의 최종적인 핵은 한정사이며, 이 구는 한정사의 속성을 가지게 된다. 따라서 하위에서부터 상위로 확대 투사되는 과정을 따라 해석하는 것이 좋다고 본다.

2) 이는 Tang, Chih-Chen Jane(1990), Li, Y.-H. Audrey(1997, 1999)등에 의해 현대중국어 한정사구(DP) 분석의 기본 구조로 인식되어진다. 이창호(2011) 참조.

3) 이처럼 병합은 순서가 있으며, 항상 두 성분이 하나로 병합되고, 낮은 데서 높은 데로 올라가며, 최소의 것으로부터 시작하여 좀 더 크고 복합한 구조를 이룬다는 것을 알 수 있다. 이러한 절차에 따른 조작을 통해 통사부에서 계층이 있는 구 구조를 이룬다.

그런데 a. ‘那本书’, b. ‘每本书’, c. ‘某本书’는 각각 ‘那一本书’, ‘每一本书’, ‘某一本书’로 해석된다. 왜 그런가? 邓思颖(2010:70) 은 C. -C. J. Tang(1990) 등을 인용하여 이들 중간의 ‘一’이 음운적으로 생략되었다고 본다. 표면적으로는 ‘一’을 들을 수 없지만, 실제적으로 수사가 통사부 내에 여전히 존재한다는 것이다. 그 근거는 다음과 같다. 첫째, 의미적인 차원에서 a의 ‘那本书’와 c의 ‘某本书’는 단지 책 한 권만을 가리킨다. 둘째, ‘那本书’와 ‘那一本书’는 의미에 영향을 주지 않으며 자유롭게 서로 대체할 수 있다. 그러므로, a-c의 한정사구는 모두 아래 수형도와 같이 나타낼 수 있다.

(7) ‘(6)a-c’의 투사

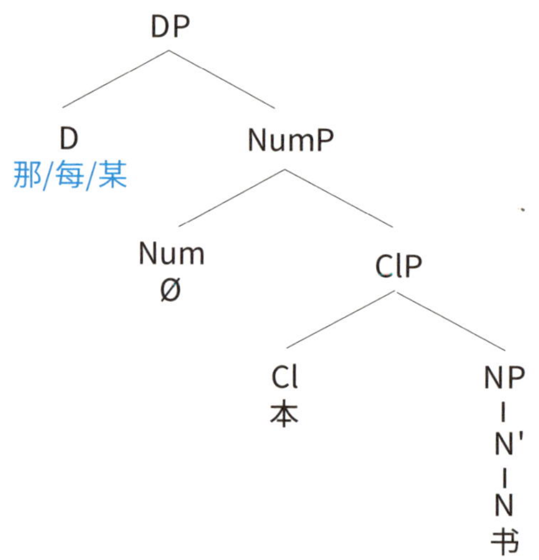

수형도에서 ∅는 음성적으로 실현되지 않는 수사의 자리이지, ‘수사가 없다’라고 말하면 옳지 않다. 해석할 때 ‘하나(一)’가 드러나기 때문이다. 이 수사 ‘一’은 음운형태부(PF) 층위에서 생략된 것으로 간주된다.

3. 한정사와 한정성

중국어의 한정사와 그 한정성에 따른 특징에 대해 알아보자.

3.1. 지시대명사

중국어의 지시대명사는 명시적인 한정사이다. 지시대명사 '这, 那'는 자신의 보충어에게 '지시성'과 '한정성'을 모두 부여한다. 다음 예를 보자.

(8) [**这**]是书 이것은 책이다.

(9) 别说[**那**] 그것을 말하지 마세요.

지시대명사 '这, 那'는 (8)-(9)처럼 단독으로 쓰이며, 지시성과 한정성을 표시한다. 따라서 청자는 '这'나 '那'가 가르치는 실체가 무엇인지와 또 어떤 것을 의미하는지 감지한다. 한편, 단독으로 쓰일 수 있다는 말은 단독으로 한정사구(DP)로 투사될 수 있다는 것을 말한다.

(10) '这, 那'의 도출

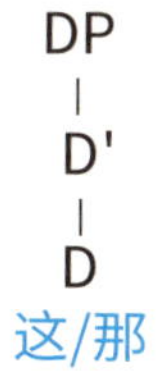

위 수형도에서, 보듯 한정사 '这, 那'는 통사부에서 단독으로 중간투사 과정(D')을 거쳐 한정사구(DP)로 투사된다. 이 때, 이들 각 한정사는 각 구의 핵이자, 유일한 구성원이다.

3.2. 인칭대명사

중국어의 인칭대명사 '我, 你, 他' 등도 명시적인 한정사이다. 이들은 '지시성'과 '한정성'을 가지며 단독으로 쓰일 수 있다. 이들도 단독으로 한정사구(DP)로 투사될 수 있다.

(11) '我, 你, 他'의 도출

위 수형도에서 보듯 한정사인 '我, 你, 他'는 통사부에서 단독으로 중간투사과정(D')을 거쳐 한정사구(DP)로 투사된다. 이 때, 이들 각 한정사는 각 구의 핵이자, 유일한 구성원이다.

그렇다면, 인칭대명사를 명사의 한 부류로 보지 않고 한정사라는 독립적인 품사로 처리할 때의 장점은 무엇인가? 이를 통해 통사계층의 순서, 즉 어순에 민감하게 반응할 수 있게 된다는 점이다. 즉, 다음과 같은 구조가 왜 비문법적인지를 잘 이해할 수 있다.

(12) * 两位他们

만약 전통문법에서 말하는 것처럼 '他们'이 소위 '대명사(代词)'이고, 대명사는 명사의 한 부류에 속한다면, 중국어의 어순구조상 위의 '수사+양사+명사' 구조는 성립되어야 마땅하다. 그러나 명백히 비문이다. 왜인가? 수형도(4), (7) 등에서 이미 살펴보았듯, 중국어 한정사는 계층적으로 명사성구에서 최상위 계층에 위치해야 하나 그렇지 못하기 때문이다. 따라서 위 (12)처럼 한정사 '他

们'이 최하위에 오는 구조는 도출되지 않는다.[4]

(13) '* 两位他们'의 도출

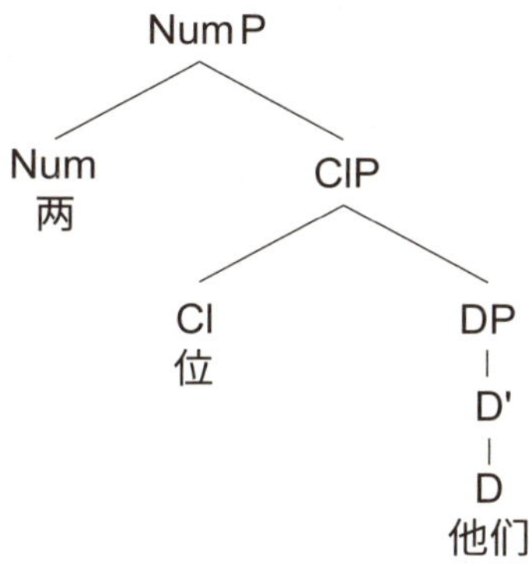

수형도에서 '他们'은 한정사구에서 가장 높은 계층에 속하는 한정사임에도 불구하고 가장 낮은 계층, 즉 양사나 수사의 보충어 위치에 배열함으로써 성립하지 않는다.

그러나 한정사 '他们'이 정상적인 위치에서 도출된 다음 예를 보자.

(14) '他们两位客人(그들 두 분의 손님)'의 도출

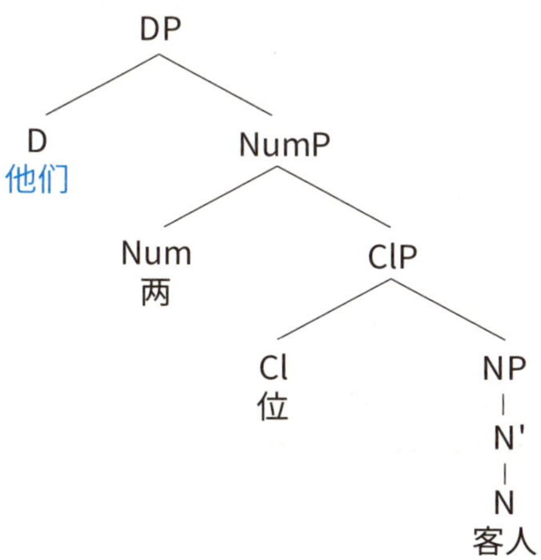

4) Tang(1999), 邓思颖(2010) 참조

(14)는 정상적인 구이며, 그 도출과정은 수형도과 같다. 즉, '客人'는 명사이며, 최종적으로 명사구로 투사되어 양사 '位'의 보충어로 쓰이고, 그것은 다시 수사 '两'의 보충어로 쓰이고, 최종적으로 한정사 '他们'의 보충어로 쓰여 한정사구로 투사된다. 한정사 '他们'은 가장 상위의 계층에 놓인다.

이상의 사실은 중국어의 '인칭대명사'는 한정사에 속하며, 한정사구의 가장 높은 위치에서 도출되어야 한다는 것을 말한다.

4. 한정성의 해석

4.1. 고유명사의 한정성

고유명사는 특정한 개인이나 장소를 가리킨다. 따라서 모든 고유명사는 한정성과 지시성을 가지며, 한정사구(DP)로 투사된다. 예를 들면 '李四, 北京站' 등이다. 그런데 어떻게 이 고유명사들의 한정성을 증명할 수 있을까?

언어의 보편성에 근거하여 볼 때, 중국어 고유명사도 한정사구로 투사되는 것이 틀림없을 것이다. 그러나 문제는 중국어의 고유명사가 투사된 한정사구는 영어의 관사 혹은 부정관사처럼 명시적인 형태로 나타나지 않는다는 것이다.

(15) a. *这李四	*이 李四	[the] Lisi
b. *那北京站	*그 베이징역	[the] Beijing station

영어에서 고유명사는 반드시 한정사(정관사)를 가진다. 그러나 위의 예에서 보듯, 중국어 고유명사는 한정사(지시대명사)로 나타낼 수 없다.

그렇다면 '고유명사는 한정성을 가진다.'는 이 기본적인 특성을 어떻게 설명할 수 있을까?[5] 이와 관련하여 邓思颖(2010)은 朱德熙(1982: 42)를 인용하여

---

5) 하나의 가능한 방법은 고유명사를 한정사의 일종으로 마치 인칭대명사와 같이 분석하는 것이다(Y. -H. A. Li, 1999; Wu and Bodomo 2009). 그런데, 인칭대명사와 고유명사의

고유명사가 보통명사로 해석되는 예를 든다.

(16) 有[**两个李逵**], 一个是真李逵, 一个是假李逵。

두 사람의 李逵이 있는데, 한 사람은 진짜 李逵이고 한 사람은 가짜 李逵이다.

(17) 中国要是有[**两条长江**], 情形就不同了。

중국에 만약 두 개의 长江이 있다면, 상황이 달라진다.

위의 예에서 양사 뒤에 오는 고유명사는 보통명사로 기능한다. (16)의 '李逵'은 이미 비한정적이다. 결코 《水浒传》에 나오는 유일무이한 李逵을 가리키지 않는다. (17)의 '长江'도 역시 비한정적인 대상으로 바뀌었다. 세상에서 유일무이한 长江을 가리키지 않는다. 그렇다면 '长江'이 보통명사로 쓰이는 '两条长江'의 도출 과정을 보자.

(18) '两条长江'의 도출

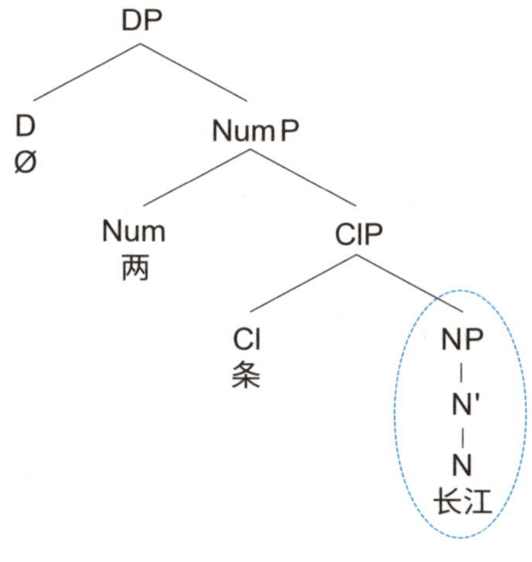

문법특징이 완전히 같은 것은 아니다. 인칭대명사는 기본적으로 기능어의 특징을 가지며 (Abney 1987) 폐쇄적인 부류이며, 묘사의미가 없고, 주로 문법관계를 표시하며, 의미가 비교적 결핍되어 있다(虚). 하지만 고유명사는 개방적인 부류이며, 묘사의미가 있고 객관적으로 존재하는 사물과 관련될 수 있으며, 의미가 비교적 충실하다(实). 즉, 인칭대명사는 기능어적 특징을 가지므로, 한정사로 분석되어도 이치에 합당하다. 하지만 고유명사는 내용어로 이해되기 때문에, 이들을 한정사로 분석하는 것은 논거가 불충분하다.

이 도출이 성립한다면, 여기서의 '长江'은 단지 비명시적 한정사구에 속하는 하나의 (보통)명사(구)일 뿐이다. 이는 명시적인 양사 핵과 수사 핵에 가로막혀 있기 때문에 한정사의 위치로 이동할 수 없다. 따라서 이 구조가 도출되더라도 한정사구의 핵(D)이 비명시적(covert)이기 때문에, 이 '长江'은 지지성은 있지만 한정성을 획득할 길이 없다.[6] 따라서 보통명사로 해석될 수 밖에 없는 것이다.

또 다른 고유명사의 비한정적 용법을 보자. 鲁迅의 작품『阿Q正传』속 '阿Q'는 본래 사람의 이름이며, 고유명사이다. 그러나 이 단어는 현재 '阿Q 특성을 가진 사람 부류'를 가리킬 때도 사용된다. 즉 총칭(generic, 类指) 의미를 가지는 보통명사로 쓰인다. 따라서 이때의 '阿Q' 역시 예(18)의 '长江'처럼 한정사(D) 핵쪽으로 이동하지 못하고, 먼저 명사구(NP)로 투사될 뿐이다.

(19) 보통명사 '阿Q'의 도출

NP
|
N'
|
N
阿Q

그렇다면 우리는 한정성을 특징으로 하는 고유명사가 어떻게 한정성이 없는 보통 명사적 용법으로 쓰일 수 있는가를 해석해야 한다. 이 해석을 위해 어떤 학자들은 어휘부의 명사가 두 종류의 속성을 가진다고 가정한다.[7] 다음 예를 보자.

---

6) 여기서 '지시성'과 '한정성'에 대해 생각해 보자. 우리가 동물원에 갔을 때, '원숭이에게 먹이를 주지 마시오!'라는 경고문이 있다고 치자. 여기서 '원숭이'는 다른 동물이 아니라 '원숭이'라는 총칭적 의미에서의 '지시성'은 있지만 '한정성'은 없다. 즉 어느 원숭이를 한정하(/가리키)는지 알 수 없다.

7) Y. -H. A. Li(1997,1999), 邓思颖(2010) 참조. 예문은 邓思颖(2010:79-81) 재인용

(20) a. **Dog** came. **그 개**가 왔다.
b. I invited **Dog/*dog**. 난 **Dog**씨를 여기 초대했었다.
(21) a. Tall **Kims** are rare sight. 키 큰 **김씨들**은 아주 보기 드물다.
b. Tall **Kim** showed up here. 키 큰 **김씨**가 여기 나타났었다.

영어의 dog의 가장 보편적인 용법은 (20)a에서 보듯 보통명사이지만, b에서는 고유명사의 역할을 한다. (21)a의 Kims는 보통명사의 역할을 하지만, b의 Kim은 사람의 성이며 고유명사에 속한다. 그렇다면, 하나의 단어가 보통명사와 고유명사의 두 특성을 동시에 가진다고 해석할 수 있을까? 이 말이 맞다면, 예의 'KIM'을 포함한 모든 명사적 표현은 모두 동음이의어라고 해야 한다. 그렇다면 'KIM'의 한 의미는 한정성이 없는 보통명사이고, 또 다른 의미는 한정성이 있는 고유명사라는 양립하기 어려운 말이된다. 또, 어휘부 내의 모든 명사는 고유명사와 보통명사가 쌍을 이룬다고 가정해야 할 것이다. 영어의 'Dog/dog'나, 'KIM/KIMS'처럼 형태가 다르다면, 고유명사와 보통명사의 차이를 발견하기가 그래도 쉽겠지만 중국어의 경우는 그렇지도 않다. 이 문제를 어떻게 해결할 것인가?

이 문제에 대한 해결 방안으로 Longobardi(1994)의 'N-to-D 이동가설(N-to-D movment hypothesis or N-raising)'이 인용된다.[8] 'N-to-D 이동가설'에서 고유명사는 본래가 보통명사라고 가정된다. 그렇다면, 보통명사 '长江'이 고유명사로 도출되는 과정을 생각해보자.

8) 'N-to-D 이동가설'은 Cheng and Sybesma(1999), Borer(2005), Sio(2006), 邓思颖(2010) 등에서 인용된 것으로 중국어 고유명사를 분석하는 유력한 방법이다.

(22) 고유명사 '长江'의 도출과정

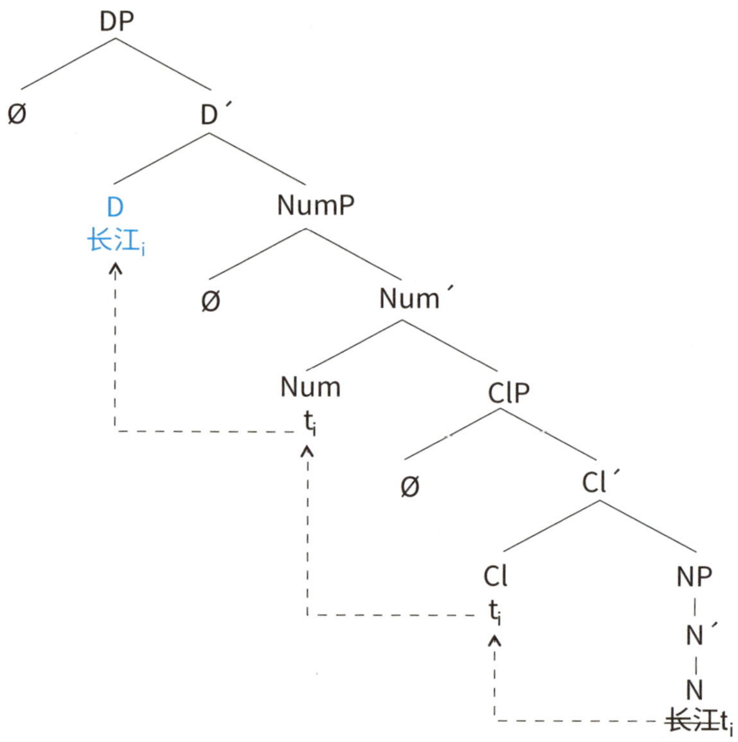

위 수형도에서 보듯, 보통명사(NP)인 '长江'은 핵(head) 상태(N)에서 상위의 비명시적인 여러 핵을 타고 계속 이동하여 한정사구의 '핵' 위치인 D까지 이동한다. 이때 't_i'는 그것이 남긴 흔적(trace)이다. 즉, 양사구의 '핵(Cl)' 위치로, 다시 수사구의 '핵(Num)' 위치로, 다시 한정사구의 '핵' 위치인 D까지 이동한다. '长江'이 경유한 것은 모두 핵이므로, '长江'의 이동은 '핵 이동(head to head movement, 中心语移位)'이다. '长江'은 결국 한정사구(DP)로 투사되어 한정성을 가지는 고유명사로 이해된다. 결국, 이와 같은 핵 이동은 보통명사에 대한 한정성을 표현하기 위한 과정이자 조건이다. 즉, 고유명사가 도출될 때, 어휘부(Lexicon)에서 핵 성분인 양사, 수사, 한정사 등이 모두 비명시적인 것들이 선택되어 통사부(Syntax)로 보내져야 한다는 것을 의미한다. 또, 보통명사는 명사 핵 위치로부터 핵 이동을 통하여 한 걸음씩 한 걸음씩 한정사의 위치로 상승하며, 최종적으로 한정성을 가지는 한정사구(DP)로 투사됨으로써, 자체적으로 한정성을 가지는 '고유명사'가 된다는 것이다.

4.2. 보통명사의 한정성

고유명사뿐만 아니라 원형의 보통명사도 통사적 분포를 통해 한정성을 표현할 수 있다.[9] 다음 예를 보자.

(23) **狗**要过马路。 (그)개가 찻길을 건너가려고 한다.

(24) **狗**今天特别听话。 (이)개는 오늘은 특별히 말을 잘 듣는다.

일정한 언어환경 속에서 (23)-(24)의 문두에 위치하는 '狗'는 보통명사의 한정적 용법으로 해석된다. 이처럼 보통명사가 한정적 용법으로 쓰이는 것을 어떻게 해석할 것인가? 이 역시 Longbardi(1994)의 'N-to-D 이동' 이론을 인용할 수 있다. 이 경우도 고유명사의 이동방식과 기본적으로 같다.[10] 다음 수형도를 보자.

---

9) Cheng and Sybesma(1999:510) 참조. 여기서 말하는 '통사적 분포'는 한정성을 가지는 위치, 즉 주어나 화제어로 쓰인 경우를 상정한다.

10) Y. -H. A. Li(1997), Cheng and Sybesma(1999), Borer(2005), Au Yeung(2005), Sio(2006) 및 Huang, Li and LI(2009:§8)과 Wu and Bodomo(2009), 邓思颖(2009e) 등 참조

(25) 보통명사 '狗'의 한정적 용법 도출과정

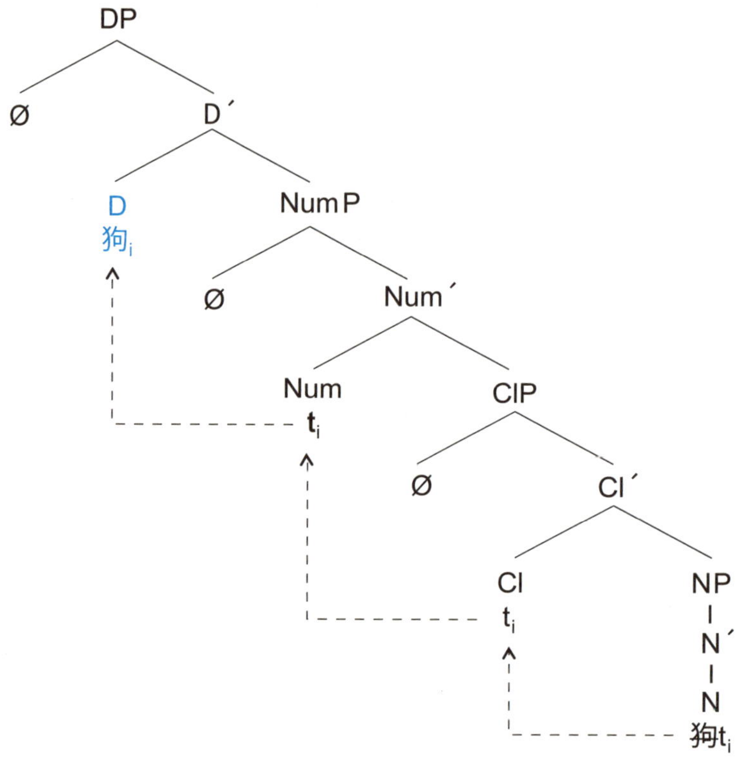

수형도에서 보듯 '狗'는 핵 이동을 통해 한정사의 위치로 이동하여 'D-狗'의 핵 융합체를 생성한다. 이 이동은 원래 한정성 의미가 없던 '狗'로 하여금 한정성을 부여한다. 결국, 이러한 한정성은 보통명사가 문두 위치배열이라는 통사적 변화를 통해 실현된 것이다.

이상의 내용을 종합해보자. 'N-to-D 이동가설'의 장점은 무엇인가? 만약 이 가설이 성립한다면, 다음 두 문제에 대한 답이 된다. 첫째, 고유명사는 반드시 한정성이 있어야 한다는 주장을 해석할 수 있다. 둘째, 보통명사가 어휘부에서 '비한정성과 한정성'이라는 상이한 성질을 동시에 가진다는 성립하기 어려운 가설을 세우지 않아도 된다.

제9강 동사구(VP)

먼저 통사부(Syntax)에서 동사구(VP)가 도출되는 위치를 찾아보자.

(1) 동사구(VP)의 도출 위치

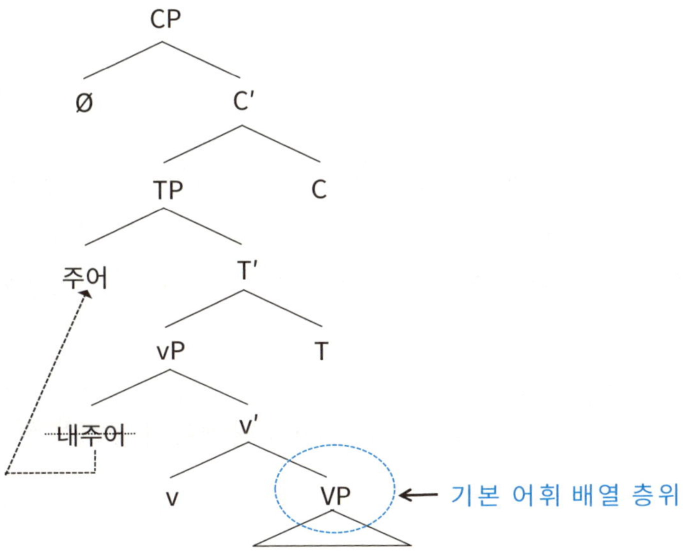

수형도에서 보듯, 동사구는 가장 낮은 위치에서 가장 먼저 도출된다. 그것은 언어의 집짓기 과정 중 가장 완성적인 '구조체인 CP'를 향해 투사되는 과정 중 첫 번째 단계이다. 다시 말해 어휘부에서 가져온 어휘가 기본적으로 배열되는 단계이다.

1. 정의와 핵 분류

우리는 다음과 같이 동사구(VP)를 정의한다.

(2) 동사(V)가 핵(head)이 되어 해당 구조체의 크기와 상관없이 최종적으로 VP로 투사되는 모든 구는 동사구이다.

동사는 무언가 빈 구멍을 가진 단어들이다. 그래서 그 빈 공간을 메꾸어 완전하게 되길 추구한다. 이 빈 공간을 채워주는 성분이 논항(argument)이다. 이런 점에서 동사 분류의 한 기준은 해당 동사가 몇 개의 논항을 가지느냐이다.

(3) 논항 수에 따른 동사의 분류

(i) **1항(/가) 동사(one place predicate)** : 한 개의 논항을 필요로 하는 동사

(ii) **2항(/가) 동사(two place predicate)** : 두 개의 논항을 필요로 하는 동사

(iii) **3항(/가) 동사(three place predicate)** : 세 개의 논항을 필요로 하는 동사

동사와 논항과의 관계는 '타동성(transitivity)'으로 파악할 수 있다. 즉, 동사가 자신의 목적어 논항을 가지는가의 여부에 근거하여 동사를 분류할 수 있다. 그 결과는 대체로 다음 표와 같다.[1]

---

1) 표는 何元建(2011)을 참고로 하여 저자가 수정한 것이다.

(4) 타동성에 따른 동사 분류표

<table>
<tr><td rowspan="3">자동사
(不及物动词)</td><td colspan="2" rowspan="3">1항 동사
(一元动词)</td><td colspan="2">비대격동사(非宾格动词) : 来, 到, 是, 有, 死, 出现, 发生 //开, 关, 沉, 吓, 气死</td></tr>
<tr><td colspan="2">비능격동사(非作格动词) : 笑, 哭, 飞, 跳</td></tr>
<tr><td colspan="2">정태동사 : 红, 黄, 好, 坏, 漂亮</td></tr>
<tr><td rowspan="11">타동사
(及物动词)</td><td colspan="2" rowspan="6">2항 동사
(二元动词)</td><td colspan="2">경동사(轻动词) : 使, 让, 令, 叫, v</td></tr>
<tr><td colspan="2">비대격동사(非宾格动词) :开, 关, 沉, 吓, 气死</td></tr>
<tr><td colspan="2">능격동사(作格动词) : 沉, 感动, 丰富</td></tr>
<tr><td colspan="2">대격동사(宾格动词) : 吃, 说 , 看</td></tr>
<tr><td colspan="2">사역동사(支使动词) : 경동사 용법이외의 使, 让, 令, 叫</td></tr>
<tr><td colspan="2">인상동사(提升动词) : 好像, 看来, 估计, 似乎</td></tr>
<tr><td rowspan="5">3항 동사
(三元动词)</td><td rowspan="2">명사
성구
논항</td><td rowspan="2">이중목적어
동사(双宾动词)</td><td>수여동사 : 送, 交, 问, 教, 告诉</td></tr>
<tr><td>탈취동사 : 借, 欠, 赢, 偷</td></tr>
<tr><td rowspan="3">기타
논항</td><td colspan="2">[주어+동사+목적어+절] 구조의 동사
'절' 논항 동사</td></tr>
<tr><td rowspan="2">[주어+동사+
목적어+보어]
구조의 동사</td><td>장소보어를 가지는 동사</td></tr>
<tr><td>수량보어를 가지는 동사</td></tr>
</table>

2. 기본구조의 도출

어휘부에서 동사 핵과 보충어 및 지정어에 위치할 단어를 추출하여 첫 번째로 만드는 구가 동사구(VP)이다.

(5) 동사구(VP)의 도출

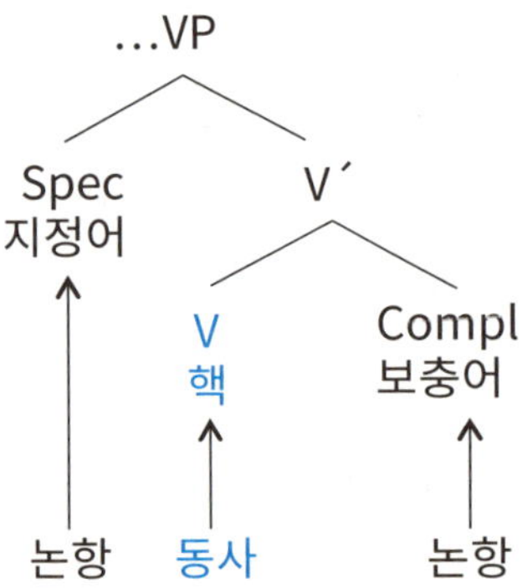

동사구는 보충어의 유무 및 보충어의 구조적 특성등에 따라 몇 가지 유형으로 나눌 수 있다.

1) 보충어가 없는 동사구

통사부가 어휘부에서 한 개의 동사만 선택한 경우이다.

(6) 보충어가 없는 동사구의 도출

위 수형도에서 V는 동사이고, VP는 동사구이다. 수형도상의 V는 다른 성분과 병합을 하지 않았으나, 통사부에서는 그 자체가 핵이며, 구로 최대투사된다.

2) 보충어가 있는 동사구

첫째, 보충어가 한정사구(DP)인 경우

동사의 보충어는 주로 한정사구(DP)로 충당된다. 다음 예를 보자.

(7) '他吃饭'의 도출

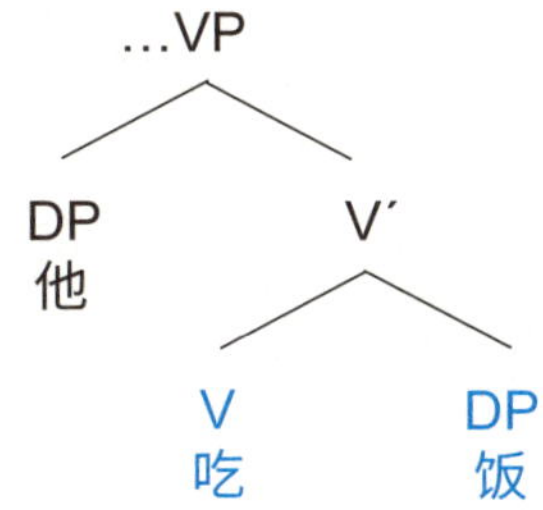

핵 동사 '吃'는 보충어 '饭(DP)'에게 <대상자(theme)> 의미역과 목적격(objective)을 부여한다.

둘째, 보충어가 이중목적어 구인 경우

이 경우 엄밀하게 말하자면, 이중목적어는 동사의 보충어가 아니다. 먼저 다음 수형도를 보자.

(8) '他送我一本书'의 도출

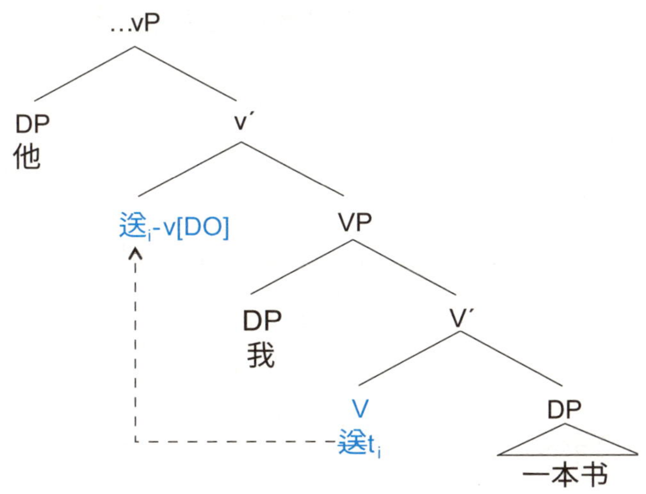

동사핵 '送'의 보충어는 '一本书'이고, 동사구(VP)의 지정어 위치에는 <수혜자(beneficiary)> 의미역의 '我'가 놓인다. 활동(DO) 사건의미를 나타내는 경동사의 당김에 의해 동사가 핵 이동함으로써 소위 '이중목적어 구'가 도출된다.[2)]

셋째, 보충어가 절(vP, TP, CP)인 경우

(9) '我喜欢这孩子懂事'의 도출

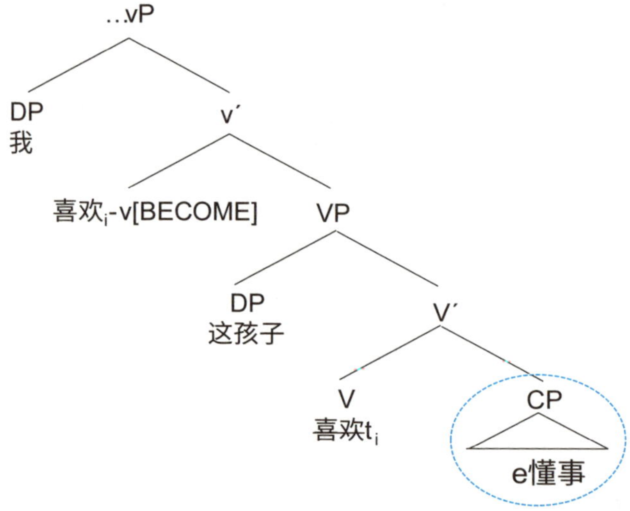

핵 동사 '喜欢'은 절(CP) 상태의 'e(这孩子)懂事'를 보충어로 취한다.

2) 즉, 이중목적어 '我 一本书'는 동사 '送'의 보충어가 아니라 술어성분 '送-v[DO]'의 보충어이다.

3. 동핵구조

동핵구조(verb head-structure)란 동사가 핵이 되는 느슨한 단어(/약 단어) 형태를 말한다. 어휘부에서 추출된 한 단어가 통사부에 들어가면 반드시 스스로 핵이 되는 최대투사범주인 구로 투사된다. 그런데 동핵구조란 동사가 핵(V)의 중간투사범주(V′)로 투사하기 전에 여전히 동사 핵 구조로 투사되는 구조체를 말한다. 다음 수형도를 보자.

(10) 동핵구조 예시도

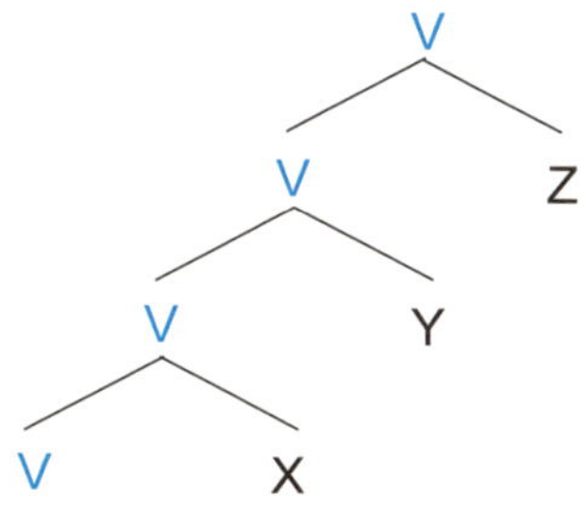

위의 구조에서 보듯, 동사핵 V는 모종의 성분 X와 병합되지만 다시 V로 투사되고, 다시 Y요소, Z요소등과 계층구조를 보이며 계속적으로 병합되지만 여전히 V로 투사된다. 이런 구조는 V를 핵으로 하는 동핵구조이다.[3] 何元建(2011)은 중국어 동사와 긴밀히 결합하는 상표현식(体貌式), 방향보어식(趋向式), 가능보어식(能愿式), 의문식(疑问式) 등의 동핵구조(1약 단어 구조)를 제

3) Sadler & Arnold(1993)는 통사범주에서 생성된 '단어구조(词结构)'를 통사구조 속의 차단어구조(lexical sub-tree)로 보고, 이것들은 단어가 가지는 모종의 기능을 가진다고 본다. 何元建(2011)은 "이러한 핵 구조는 단어구조에 상당하지만 단어는 아니다"라고 한다. 그는 Di Sciullo & Williams(1987)를 참고하여 "진정한 단어구조는 어휘부에서 생성된 것으로 강한 단어성(strongly lexical)이지만, 통사부에서 생성된 단어구조는 약한 단어성(weekly lexical)을 지닌다"고 본다. 다시 말하면 형태론 범주에서 생성된 단어구조는 단어이고, 통사범주에서 생성된 "단어구조"는 단어가 아니며, 그것은 핵에 병합하여 투사된 결합구조(incorporation)라는 것이다. 何元建(2011:182) 참고 및 재인용

시한다.[4] 한편, 邓思颖(2010)은 상(aspect)표현 요소, 방향보어표현 요소 등을 접사로 처리한다.

何元建(2011:183)은 동핵구조 도출 규칙을 다음과 같이 제시한다.

(11) 동핵구조 도출 규칙

(i) 동사는 핵이고 다른 성분이 핵에 병합된다.

(ii) 만약 하나 이상의 병합성분이 있으면, 매 번 병합하여 이루어진 구조체는 새로운 구조성분이 된다.

(iii) 동사 핵 구조는 단어구조처럼 **우분지구조**이다.

이상의 내용과 도출 규칙에 의거하여 각종 동핵구조의 도출과 통사기능에 대해 알아보자.

3.1. 상표시 동핵구조

이 동핵구조는 동사가 통사부에서 상(aspect)표지[5]와 결합하여 구성하는 핵 구조이다.

1) 한 개의 상을 가지는 동핵 구조

---

4) 汤廷池(1992a, 1992b)는 중국어 상표시 단어와 방향동사는 통사범주에서 동사의 구조에 병합하는 것이라고 생각한다.

5) 중국어의 상 표지는 동사 뒤에 바로 붙어, 동작 또는 과정의 상(aspect)을 나타낸다. 중국어의 상 표지는 동사에 부착되어 표시되는 의존형태소이다. 아래의 예를 보자.
① 我笑了。완성상(perfective aspect)
② 我笑着。지속상(progressive aspect)
③ 我笑过。경험상(experiential aspect)
④ 我笑起来。개시상(inchoative aspect)
⑤ 我笑笑。시도상(experimental aspect)
한편, 黄正德(2013:102-103)는 상(体/貌)을 나타내는 体短语로 "在V, 有V, V了, V着, V过" 등을 들고 있으며, 刘叔新(2002:183)은 "了, 着, 过, 看, 来着, 的, 起, 起来, 下去, 下来" 등을 예로 든다.

(12) '笑了/着/过/起来'의 도출

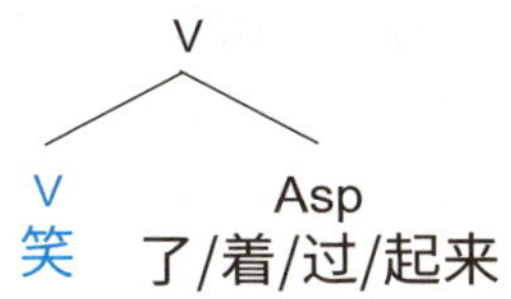

2) 두 개의 상을 가지는 동핵 구조

(13) "笑了起来"의 도출

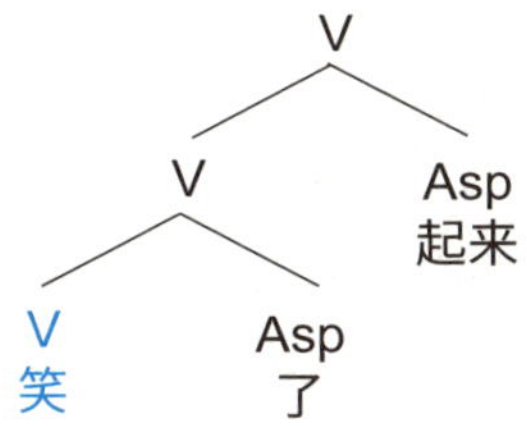

(14) '笑過了'의 도출

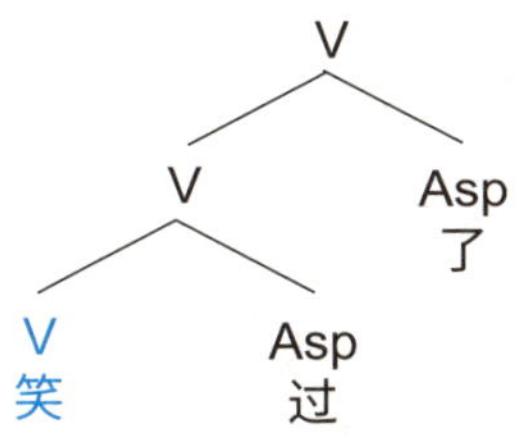

이러한 상표현식 동핵구조를 설정하는 장점은 무엇일까? 이를 통해 (15)a, b 처럼 의미가 같지만 어순은 다른 두 문장이 도출되는 원인을 계층적으로 설명할 수 있다. 다음 예를 보자.

(15) a. 你去过中国了吗? (당신은 중국에 간 적이 있습니까?)
　　b. 你去过了中国吗? (당신은 중국에 간 적이 있습니까?)

두 문장은 모두 같은 단어를 사용하였고, 같은 의미로 해석된다. 그런데 왜 서로 다른 어순으로 도출되었을까? 다음 수형도에서 동핵구조의 이동양상을 보자.

(16) 동핵구조 계층에 따른 도출 차이

a. '去过'만 이동하는 경우　　　b. '去过了'가 이동하는 경우

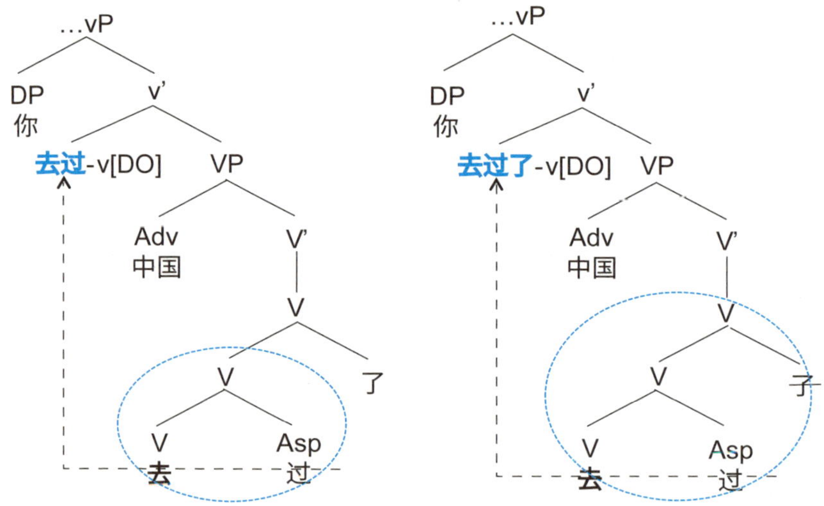

먼저 동핵구조 '去过了'를 설정한다. 이어서 동핵구조로 구성된 동사구의 지정어 위치에는 장소명사인 '中国'이 도출된다. 한편, 상위 계층의 비명시적(covert)인 활동[DO] 표시 경동사(v)는 자신의 완전성을 위해 하위에 있는 핵성분을 당긴다. 이때 a에서는 '去过'만을, b에서는 전체 동핵구조 '去过了'를 당겨 병합한다. 따라서 동일하게 출발한 어순구조에 변화를 일으킨다.[6] 이것이 바로 동핵구조를 설정하는 장점이다. 즉, 동일 조건하에서 어순구조의 차이가 발생하는 원인을 계층적으로 해석해준다.

---

6) 수형도에서는 예 (15)의 '吗'를 그리지 않았다. '吗'는 보문사로 수형도를 보문사구(CP)까지 그리는 것이 정상이지만, 여기서는 어순의 차이를 유발하는 요인에 대한 설명만으로 충분하다. 무엇보다 아직 경동사구, 시제사구, 보문사구의 도출과정을 언급하지 않았으므로 더 그리지 않는다.

3.2. 방향표시 동핵구조

1) 방향보어가 있는 경우

이 동핵구조는 통사부에서 동사와 방향보어가 병합하여 구성하는 '핵 구조'이다. 다음 예를 보자.

(17) '跑过来'의 도출

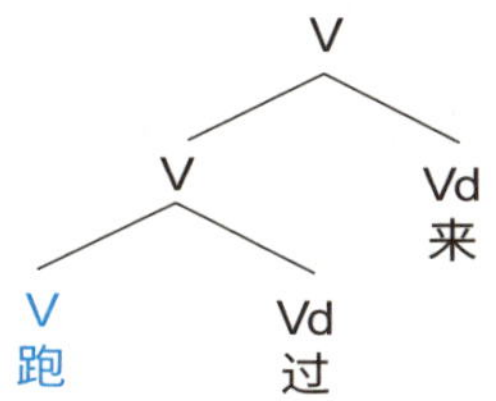

수형도에서 Vd는 방향동사이다. 방향표시 동핵구조 설정의 장점은 무엇인가? 이를 이용하여 복잡한 방향보어 어순의 도출과정을 계층적으로 해석할 수 있다. 다음 예를 보자.

(18) a. 보충어가 없는 방향표시 동핵구조의 도출

예) 他跑进屋里来了。그는 방 안으로 뛰어 들어왔다.

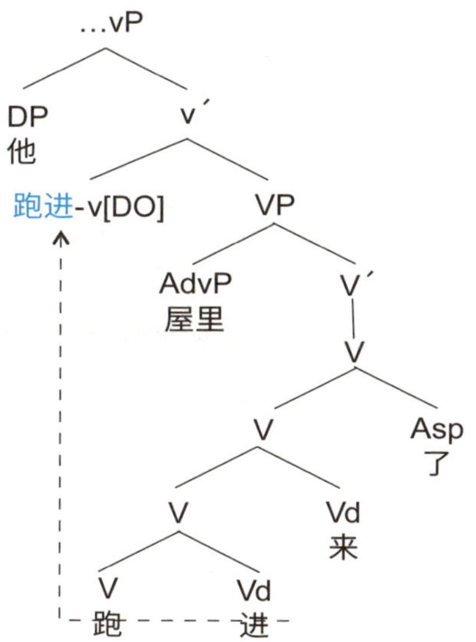

위 수형도를 통해 보듯, 현대중국어에서 보충어가 없는 방향표시 동핵구조는 '来'를 제외한 부분만 경동사를 향하여 핵 이동한다. 이 이동으로 인해 원래 동사구의 지정어 자리에 있던 장소표시 부사어(AdvP) '屋里'는 동사 뒤에 위치하게 되어 표면적으로 목적어처럼 보인다. 그러나 목적격을 부여받을 위치가 아니므로 목적어로 보는 것은 근거가 없다.

또, 방향표시 동핵구조가 보충어를 가지는 예를 보자.

(18) b. 보충어가 있는 방향표시 동핵구조의 도출

예) 他扛进屋里来三口袋面。그는 방 안으로 세 포대의 밀가루를 메어 들어왔다.

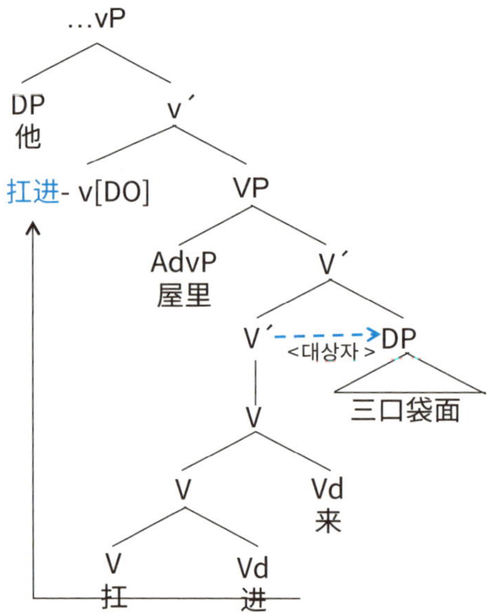

위 수형도에서 보듯, 이 경우는 방향표시 동핵구조가 보충어 '三口袋面'을 가지며, 대상자 의미역과 목적격을 부여한다. 그러나 동핵구조의 이동양상은 (18)a와 같다. '来'를 제외한 부분이 경동사를 향해 핵 이동한다. 이로 인해 '来'는 장소부사어 '屋里'와 보충어 '三口袋面'의 사이에 위치한다.

3.3. 양태표시 동핵구조

이 동핵구조는 통사부에서 동사와 가능·불가능의 양태(modality)[7]를 표시하는 성분 '-得-', '-不-'가 병합하여 만든 핵 구조이다. 현대 중국어에서 이런 동핵구조는 단어 구성능력이 매우 강한 특징이 있다. 다음 예를 보자.

(19) 가능·불가능의 양태표시 동핵구조의 조어성

a. 来**得**及(시간에 댈 수 있다) ↔ 来**不**及(시간에 댈 수 없다)

b. 受**得**了(견딜 수 있다) ↔ 受**不**了(견딜 수 없다)

c. 对**得**起(떳떳할 수 있다) ↔ 对**不**起(떳떳할 수 없다/미안하다)

d. 吃**得**下(먹을 수 있다) ↔ 吃**不**下(먹을 수 없다)

(19)c를 예로 하여 가능·불가능표시 동핵구조의 도출과정을 보자.

(20) a. '对不起'의 도출 과정 b. '对得起'의 도출과정

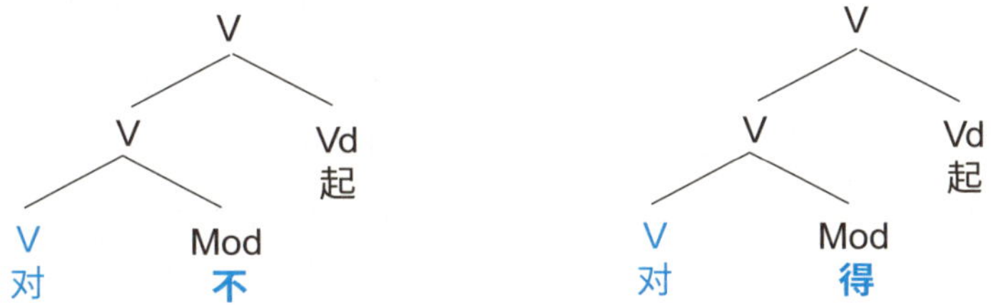

여기서 V는 동사 핵이고, Mod는 양태(/능원)조사이며, Vd는 방향동사이다. 동핵구조는 동사적인 속성을 가짐으로써 계속해서 동사구(VP)로 투사하며, 이를 통해 경동사의 보충어로 충당될 수 있다. 다음 예를 보자.

---

7) 양태(modality)란 양태사(modals)를 사용하여 문장이 표현하는 사태(eventuality)의 진리치(truth value)에 대해 표출된 주어 혹은 화자의 주관적 관점이자, 또 그러한 언어적 표현법을 이른다. 양태를 나타내는 주요한 요소는 양태사이며, 영어에서는 주로 조동사(auxiliary: 'be, have, do'이외의 may/might, can/could, must, shall/should, will/would)에 의해 표현된다. Victoria Fromkin외 저(1974, 제9판), 謝富惠외 역(2011[1999]: 118-119, 790) 참조.

(21) ‘我对不起大家’의 도출

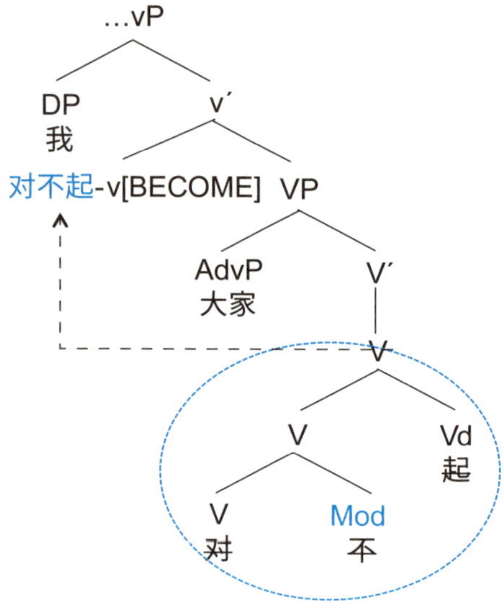

수형도에서 보듯, ‘불가능’을 의미하는 동핵구조 ‘对不起(몸둘 바를 모르겠다/미안하다)’는 전체가는 경동사에 의해 상위 계층으로 핵 이동한다. 이에 동사구의 지정어 자리에 위치한 ‘大家’는 동핵구조의 뒤에 놓여 표면적으로 마치 목적어처럼 보인다. 그러나 ‘大家’는 원래 동핵구조에 의한 동사구의 지정어(VP-Spec) 자리에 있던 부사어다. 동핵구조로부터 목적격을 부여받는 대상이 아니다. 따라서 이것이 동사의 뒤에 위치한다하여 목적어라고 보는 것은 근거가 없다.[8]

8) 이는 아마도 <수혜자(beneficiary)> 의미역과 여격(dative)을 부여받을 것이다. 무엇이 ‘大家’에게 이런 의미역과 격을 부여할까? 하나의 가능성은 핵 융합구조인 ‘동핵구조-경동사’에 의한 것이고, 다른 하나의 가능성은 ‘向’과 상응하는 비명시적인 내경동사(inner light verb)에 의한 것일 것이다. 이런 ‘大家’를 단지 동사의 뒤에 위치한다하여 목적어로 처리하는 것은 근거가 없다. 한국어에서도 목적어로 해석되지 않는다.

3.4. 의문표시 동핵구조

이 동핵구조는 통사부에서 동사와 의문표시 어휘항목(lexical item, 词项) 및 '부정사(Neg)'로 구성된 핵구조이다. 현대중국어에서 이런 동핵구조를 쓰는 의문식은 'V不V', 'V没(有)V'가 대표적이다.

1) 비실현의 의문표시 'V不V' 구조

동핵구조는 주로 술어 앞에 놓여 '정반(正反)' 의문문을 구성한다. 아래의 예를 보자.

(22) a. 老师[要不要]去上海? 선생님께서는 상하이에 가실 거예요?

b. 食堂的饭[好不好]吃? 식당의 음식이 맛있어요?

어휘부에서 해당 어휘항목을 출력해서 통사부로 보내면 '긍정+부정', 즉 'V不V'의 병합을 통해 비실현의 의문표시 동핵구조를 구성한다.

(23) 'V不V' 동핵구조의 도출

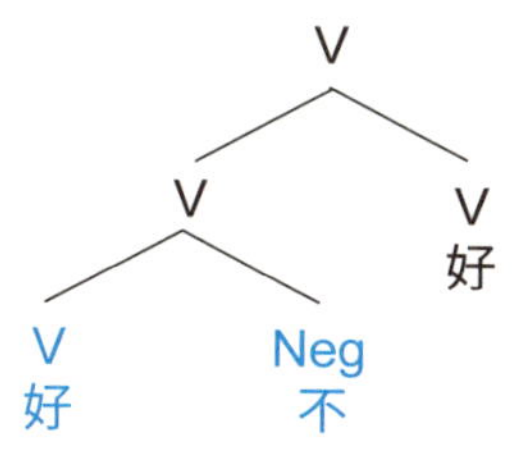

2) 실현의 의문표시 'V没(有)V' 구조

어휘부에서 해당 어휘항목을 출력해서 통사부로 보내면 '긍정+부정', 즉 'V没(有)V' 의 병합을 통해 실현의 의문표시 동핵구조를 구성한다.

(24) a. 老师有没有去上海? 선생님께서는 상하이에 가셨어요?

b. 你买没买电脑? 당신은 컴퓨터를 샀어요?

(25) 'V没V' 동핵구조의 도출

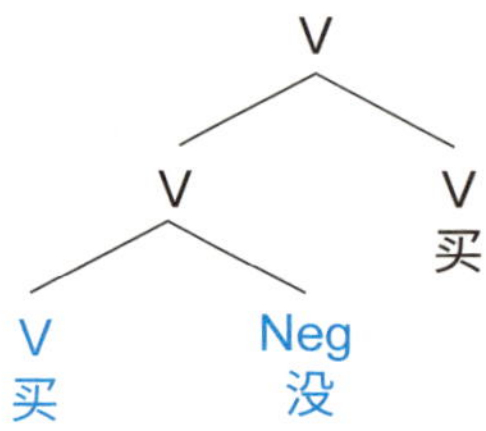

3) 부가식 의문표시 'V不V' 구조

부가식 의문표시 동핵구조는 문장의 끝에 출현한다. 문장과의 동핵구 사이에는 휴지(쉼)가 있으며, 부가 의문(tag question)을 구성한다.

(26) a. 他想进来, 可(以)不可以? 그가 들어오고 싶어 해요, 될까요?
b. 小李今天没去上班, 是不是? 샤오리는 오늘 출근을 안 했어요, 그렇죠?
c. 你别说了, 行不行? 말하지 마세요, 괜찮겠어요?
d. 我们把家收拾一下, 好不好? 우리는 집을 좀 정리해요, 어때요?

부가의문식 동핵구는 마치 보문사(complementizer)처럼 자신의 보충어인 시제사구(TP)에 대해 의문을 부가한다. (26)b의 예를 수형도로 보자.

(27) '小李今天没去上班, 是不是?'의 도출

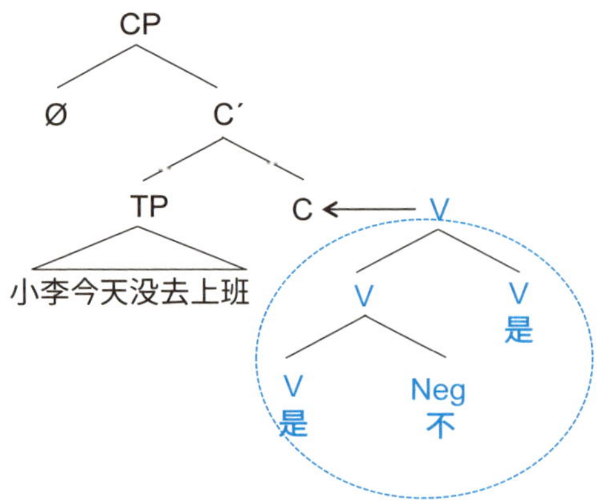

수형도에서 보듯, 동핵구조 '是不是'는 핵 이동을 통해 보문사핵(C)과 병합된 후, 시제사구(TP) '小李今天没去上班'에 대해 '부가식 의문'을 표시한다.

4. 동사구와 논항

논항이란 술어동사와 관련된 참여자나 대상자등을 말하며, 일반적으로 명사성 구로 충당되지만 절로 충당되는 경우도 있다. 동사에 의한 논항구조와 의미역 할당 문제를 살펴보자.

4.1. 논항구조

동사의 논항구조(argument structure, 题元结构)란 명사성 성분이 동사와 갖는 논항관계의 총체를 말한다.[9] 동사 '笑'의 예를 보자.

(28) 笑, V <행위자(施事)>
V <행위자(施事), 대상자(客事)>
V <행위자(施事), 대상자(客事), 설명(述题)>

위의 예에서 꺽쇠 '< >'의 안은 동사 '笑'가 가질 수 있는 의미역이다.[10] 아래 예는 '笑'의 논항관계에 따른 예문이다.

---

9) 논항과 논항구조에 관한 이홍배(1991:273)의 용어 해설은 다음과 같다.
① 논항은 술어와 술어의 행위·동작과 관련된 참여자나 대상을 나타내는데, 명사나 절이 될 수 있다. 동사의 목적어는 'V-bar' 내에 위치하기 때문에 '내부논항'이라고 부르고, 주어는 'V-bar' 밖에 위치하므로 '외부논항'이라고 부른다.
② 논항구조는 술어와 관련된 논항의 집합과 논항들의 의미역을 명시해 준다.

10) 논항관계의 완성은 경동사구에서 이루어진다는 것이 필자의 생각이다. 그러나 현실적으로 동사핵도 보충어에게 대상자 의미역을 할당하며, 목적격을 부여할 수 있다. 이에 의미역 할당 문제를 경동사구 부분과 동사구 부분에서 모두 언급한다.

(29) a. [张三]笑。 장싼이 웃는다. (1항)

b. [张三]笑[李四]。 장싼이 리쓰를 비웃는다. (2항)

c. [张三]笑[李四][不修边幅]。

장싼은 리쓰가 옷차림에 신경을 쓰지 않는다고 비웃는다. (3항)

(28)의 논항구조에서 제시한대로, a는 <행위자>를, b는 <행위자>와 <대상자>를, c는 <행위자>, <대상자> 그리고 <설명/술제/명제>을 포함한다.

여기서 조심할 것은 동사의 성격에 따라 논항구조에 차이가 날 수 있다는 점이다. 다음 차이를 비교해보자.

(30) a. 张三$_i$ **笑**[他]$_{*i/j}$ [不修边幅]。장삼i은 그*i/j(장삼이외의 인물)가 옷차림에 신경쓰지 않는다고 비웃는다.

b. 张三$_i$ **说**[他]$_{i/j}$ [不修边幅]。

b에서 보듯, 동사 '笑'와 달리 '说'는 '他'의 지시성에 대해 두 가지의 가능성을 다 가진다. 즉, '他'가 남일 수도 있고 '张三' 본인일 수도 있다. 따라서 b는 다음과 같이 중의적인 문장이다.

(31) b-1. 장삼$_i$은 자신$_{i/*j}$이 옷차림에 신경쓰지 않는다고 말한다.

b-2. 장삼$_i$은 그$_{*i/j}$(장삼이외의 인물)가 옷차림에 신경쓰지 않는다고 말한다

즉, 동사 '笑'와 '说'의 성질 차이에 따라 논항 '他'의 지시성과 의미역에 차이를 보인다.

4.2. 의미역 할당

하나의 문장을 연극의 한 컷에 비한다면, 사건참여자인 논항은 '배우'이다. 연극에서 배우가 배역을 할당받듯 논항도 일정한 역할을 할당받게 되는데, 이

것을 '의미역(Thetic role/Θ-role)'이라 한다.[11]

최소주의(MP)에서 자연언어의 통사구조는 언제나 이분지 계층구조로 설정되며, 이때 절점을 공유하는 두 성분은 피차 성분통어하는 매우 가까운 자매(sister) 관계이다. 동사는 이 1단계 투사체에서 자신과 자매관계가 있는 논항에게 의미역을 할당하고, 격을 부여한다. 의미역 할당 및 그 배열에 있어 몇 가지 원칙문제에 대해 살펴보자.[12]

(32) 의미역할당과 관련된 몇 가지 원칙

(i) 의미역(Θ-Role, 题元角色): 논항이 자신의 술어와의 관계에서 가지는 의미적 역할을 말한다.

(ii) 의미역 기준(Θ-Criterion, 题元原则): 일정한 구조에서 각 논항은 원칙적으로 하나의 의미역만을 가질 수 있다.[13]

(iii) 의미역 위계 원칙(Θ-Hierarchy, 题元的阶层原则): 동사와 관련된 모든 논항은 하나의 문장에서 일정한 위계에 맞춰 출현한다.[14]

(iv) 의미역부여 일관성 가설(Uniformed Theta Assignment Hypothesis, UTAH, 题元指派统一论): 특정 술어가 부여하는 각 의미역은 표준적으로 특별한 통사적 위치와 관계가 있다(예를 들어, VP-spec은 행위자 논항

---

11) 본서에서 말하는 '의미역'은 사람에 의해 부여되는 메타언어(Metalanguage, 元语言)적 의미이다. 즉, <행위자>는 '동사가 표현하는 동작의 발생자'를 대표하고, <대상자>는 '동사가 표현하는 동작을 받는 사람이나 사물'을 대표한다.

12) 이홍배(1991:271,297-299)의 용어 해설을 기초로 한 설명이다.

13) 이에 근거하여 다음 예를 보자.

a. [张三]令李四伤心。	<원인자(causer, 致事)>	[장싼]은 리쓰가 상심하게 했다.
b. [张三]打李四。	<행위자(agent, 施事)>	[장싼]이 리쓰를 때린다.
c. [张三]丢了眼镜。	<경험자(experiencer, 当事)>	[장싼]이 안경을 잃어버렸다.
d. [张三]被李四打了。	<대상자(theme, 客事)>	[장싼]은 리쓰에게 맞았다.

a-d에서 주어로 쓰인 '张三'은 모두 문법적으로 주어이지만, 서로 다른 하나의 의미역만을 할당받는다. 이런 점에서 의미역과 격(case)을 혼동하면 안 된다.

14) 논항은 구조적으로 반드시 동사와 일정한 상대적 위치를 갖게 되는데, 이것이 바로 의미역 위계 원칙의 핵심이다. 의미역 위계는 대체로 다음과 같다.
[원인자 [행위자／경험자 [수혜자／출발점／목적／장소／도구 [대상자 [설명]]]]]
논항은 대체로 이러한 의미역의 위계에 맞춰 문장에 출현한다는 것이다.

과 관련 있는 표준 위치이다).

그렇다면 의미역 할당의 주체는 누구일까? 동사의 보충어 위치의 논항에게는 동사가, 주어 위치의 논항에게는 경동사가 할당한다. 여기서는 동사에 의한 의미역 할당에 대해서만 생각해보자.

대격(accusative)의 동사는 자신의 보충어 논항에게 <대상자(theme)> 의미역을 할당한다. 다음 예를 보자.

(33) a. 他**吃**了[午饭]。그는 점심을 먹었다.
b. 张三**打**了[李四]。장싼은 리쓰를 때렸다.

a의 '吃'는 '午饭'에게, b의 '打'는 '李四'에게 각각 <대상자> 의미역을 할당하고, 목적격을 부여한다.

한편, 기타 <수혜자(beneficiary)>, <출발점/기원(source)> 등의 의미역은 동사가 아니라 모종의 전치사[15]와 관련이 있다.

15) 전치사도 동사성 품사의 일종이기 때문에 자신의 논항에게 의미역(예: 장소, 도착점, 여격, 출발점 등)을 줄 수 있다.
a. 张三借给[李四]十块钱。장싼은 리쓰에게 10위안을 빌려줬다. <수혜자(beneficiary)>
b. 张三向[李四]借钱。장싼은 리쓰에게서 돈을 빌렸다. <출발점/기원(source)>
그러나 전치사구에서는 사건의미나, 시제, 말힘(force) 등이 부여되지 않으므로, 전치사가 부여하는 격을 소위 '사격(oblique case, 斜格)'이라고도 한다.

제10강 경동사구(vP)

통사부에서 경동사구(vP)가 도출되는 위치를 찾아보자.

(1) 경동사구의 도출 위치

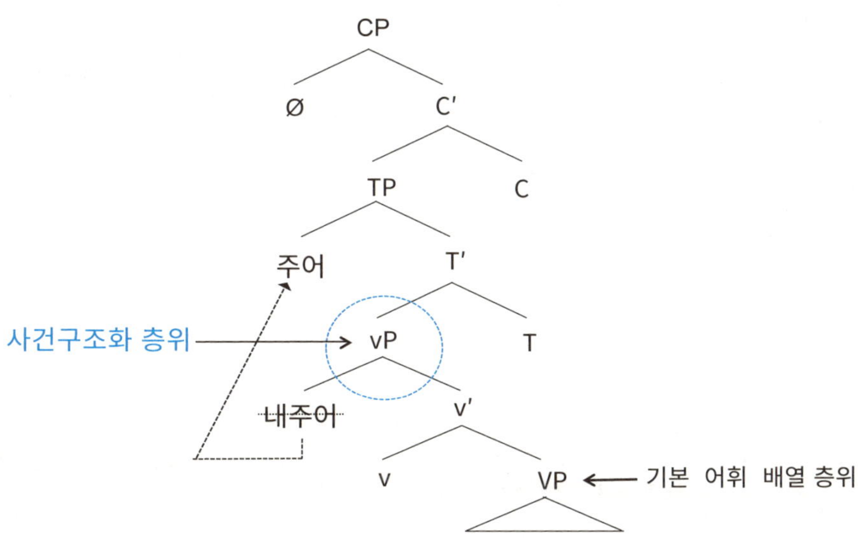

경동사구(vP)는 계층적으로 동사구(VP)의 위, 시제사구(TP)의 아래에 위치한다. 이는 우리 머릿속에서 명제화 된 사건의미(eventuality)를 설정하는 단계이다.

1. 정의와 핵 분류

경동사(light verb, v)란 동사구를 보충어로 취하여 사건의미를 부여함으로써 명제화시키는 기능을 가진 동사성 [+ V] 품사의 하나이다. 먼저 경동사구의 정의를 보자.

(2) a. 경동사구는 경동사를 핵으로 하는 구로, 해당 구조체의 크기와 상관없이 최종적으로 vP로 최대사되는 구이다.

b. 경동사구가 나타내는 사건의미(eventualities)는 활동[DO], 상태[BE], 변화결과[BECOME], 인과관계[CAUSE-BECOME] 등이 있다.

경동사는 독립적인 품사로 통사부에서 경동사구를 형성하는 핵이다. 경동사는 '명시적(overt)'이어서 형태가 있는 것도 있고, 또 '비명시적(covert)'이어서 음성형태가 없는 것도 있다.[1] 중국어의 경동사를 표로 보이면 다음과 같다.

(3) 경동사의 분류와 예

<table>
<tr><th colspan="3">경동사</th><th>경동사의 예</th></tr>
<tr><td rowspan="4">명시적인 경동사</td><td colspan="2">사역</td><td>使, 让, 叫, 把</td></tr>
<tr><td rowspan="3">비사역</td><td>활동[DO]</td><td>作/做, 进行, 加以[2]</td></tr>
<tr><td>상태[BE]</td><td>(是), (有)[3]</td></tr>
<tr><td>변화결과[BECOME]</td><td>给</td></tr>
</table>

1) 영형식(즉, 어음형식이 없는)의 경동사를 설정하며, 이를 영경동사(零轻动词)라 한다. 이론상, 들을 수 있는 경동사는 모두 대응하는 영형식을 가질 수 있다. 영형식의 경동사는 반드시 자립 형태소와 결합하여야 비로소 문법에 부합한다. Hale & Keyser(1993), Chomsky(1995) 참고.

2) 何元建(2011:219)은 朱德熙(1961)에 근거하여 전통 문헌에서 말하는 '형식동사' '作, 进行, 加以, 予以, 给以, 干, 开展, 展开, 实行, 举行' 등을 '집행 경동사(performance light verb)'라 한다. 이들은 본서에서 말하는 활동[DO] 사건의미를 나타낸다.

3) 괄호한 (是)와 (有)는 현대중국어에서 상용도가 매우 높은 단어들로, 이들이 경동사적 기능을 가지는 지의 여부는 좀 더 진일보한 연구가 필요하다고 하겠다.

경동사		경동사의 예
비명시적인 경동사	활동[DO]	∅
	상태[BE]	∅
	변화결과[BECOME]	∅
	인과관계[CAUSE-BECOME]	∅

2. 기본구조의 도출

동사구와 경동사구의 관계에 대해 邓思颖(2010: 91)을 참고하여 다음과 같이 표시한다.

(4) 동사구와 경동사구의 관계

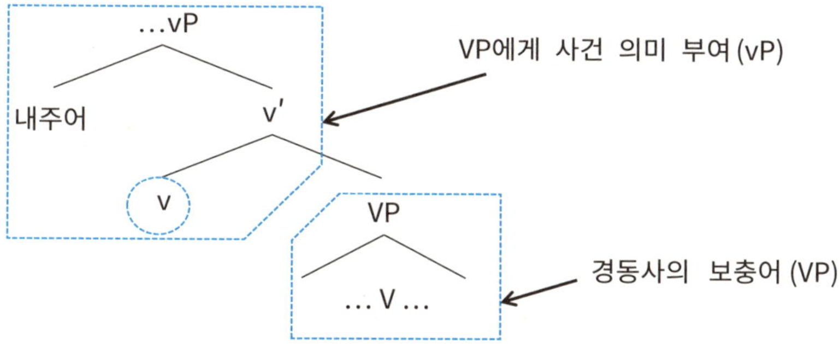

수형도에서 보듯, 상위의 큰 점선은 경동사구이고, 하위의 작은 점선은 동사구이다. 동사(V)는 어근으로 충당되고, 경동사(v)는 모종의 사건의미를 나타냄으로써 양자가 합해져 술어의 핵심부분을 구성한다. 결국, 술어는 두 부분으로 나눌 수 있는데, 그것은 기본어휘의미를 나타내는 동사구(VP)와 사건의미를 나타내는 경동사구(vP)이다.

3. 사건의미

경동사는 동사구를 보충어로 취하여 사건의미를 부여한다. 사건에는 반드시 참여자가 있으며, 사건 참여자는 통사부에서 논항으로 표현된다. 이때 접사적 형태이거나 비명시적인 경동사(보이지 않는 경동사)는 핵 이동(head to head movement)을 유발한다. 따라서 자신의 하위 계층인 VP내의 동사를 당기어 병합한다. 또, 자신의 지정어 자리에는 반드시 하나의 논항을 필요로 한다. 이 논항은 경동사와 병합하여 주술관계를 나타내며 향후 시제사구로 투사될 때 주격을 부여받아 주어로 투사된다. 따라서 이를 '내주어(inner subject, 内主语)'라고 한다. 이 과정을 통해 경동사는 동사구에 대해 모종의 사건의미를 부여한다. 경동사구의 종류와 사건의미에 대해 알아보자.

(5) 네 종류 경동사구의 도출

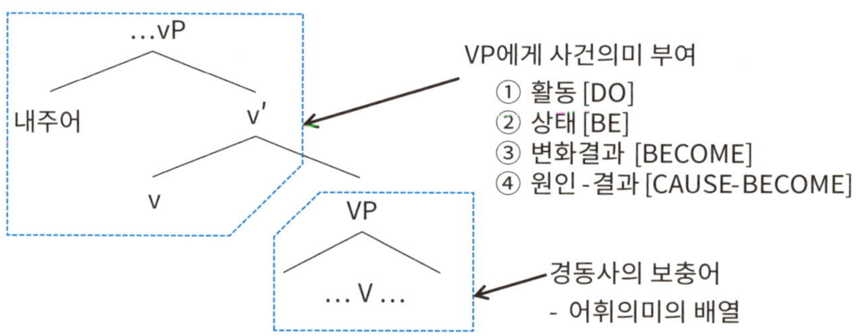

그림(5)는 경동사가 나타내는 네 종류의 사건의미를 표시한다. 먼저 한 개의 경동사가 적용된 ①-③에 해당하는 경우를 살펴보자. 이는 다음과 같이 표찰 붙은 괄호(labelled bracketing)를 사용하여 표현할 수 있다.

(6) …[vP [Spec V_i-**DO**[VP … ~~V~~$_i$ …]]]

(7) …[vP [Spec V_i-**BE**[VP … ~~V~~$_i$ …]]]

(8) …[vP [Spec V_i-**BECOME**[VP … ~~V~~$_i$ …]]]

(6)-(8)에서 활동[DO], 상태[BE], 변화결과[BECOME] 등의 사건의미를 나타내는 경동사는 모두 영형식이므로 하위 계층의 동사 핵을 당기어 'V-v의 형태'로 표현된다. 이 형태를 대표하는 핵은 경동사이다. 따라서 vP가 어떤 사건구조를 표현하는지는 전적으로 경동사의 속성에 근거한다. V의 의미특징과 보충어와의 관계 등은 참고사항일 뿐이다.

또, 두 개의 경동사 CAUSE와 BECOME이 적용된 ④의 경우를 보자. 이는 사역 경동사 v[CAUSE]의 명시성 여부에 따라 다시 두 경우로 나뉜다.

(9) a. …vP_1[Spec **V_i-BECOME-CAUSE**[vP_2 [Spec … ~~V_i-BECOME[VP …… V_i~~ …]]]]

b. …vP_1[Spec **v(CAUSE)**[vP_2 [Spec V_i-**BECOME**[VP … ~~V_i~~ …]]]]

위 표찰붙은 괄호에서 a는 사역 경동사가 비명시적인 경우이고, b는 사역 경동사(v)가 '使, 叫, 让, 把'등으로 명시적인 경우이다. 이제 (6)-(9)의 사건의미에 대해 구체적으로 살펴보자.

3.1. 활동[DO] 사건의미

'활동'의 사건구조화에는 경동사 DO가 운용된다. 이때의 DO는 활동의 진행, 혹은 동태적 과정을 나타낸다. 경동사 DO는 자신의 지정어 위치의 논항에게 <행위자(agent)> 의미역을 할당한다. 이에 대해 술어의 논항구조에 따라 살펴보자.

3.1.1. 1항 술어

이는 동사가 자신의 보충어 논항을 가지지 않는 경우이다. 다음 예를 보자.

(10) '小孩子哭'의 도출

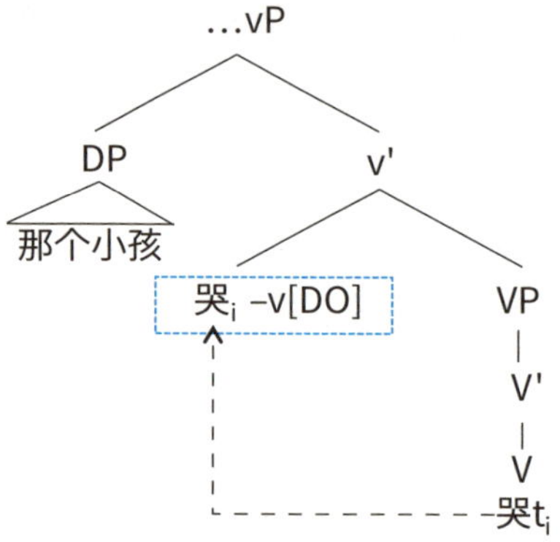

수형도에서 '哭'는 보충어 논항을 가지지 않는 자동사, 즉 비능격동사(unergative, 非作格动词)이다. 따라서 자체적으로 VP로 투사된다. 이 동사구에 대해 경동사 DO가 이 사건이 활동이라는 것을 나타낸다. 이 구(phrase)는 '어린아이가 어떤 일을 했는데 그 일이 우는 것이다'의 의미를 나타낸다. 동사 '哭'는 DO의 위치로 핵 이동하여 '哭-DO'가 된다. 내주어 '那个小孩子'는 경동사 DO를 핵으로 하는 '哭-DO'의 논항이 되며, 경동사로부터 <행위자> 의미역을 할당받으며, 향후 시제사구 지정어 위치(TP-Spec)에서 주어로 투사된다.

3.1.2. 2항 술어

이는 동사가 보충어 논항을 가지는 경우이다. 다음 예를 보자.

(11) '我读过《红楼梦》'의 도출

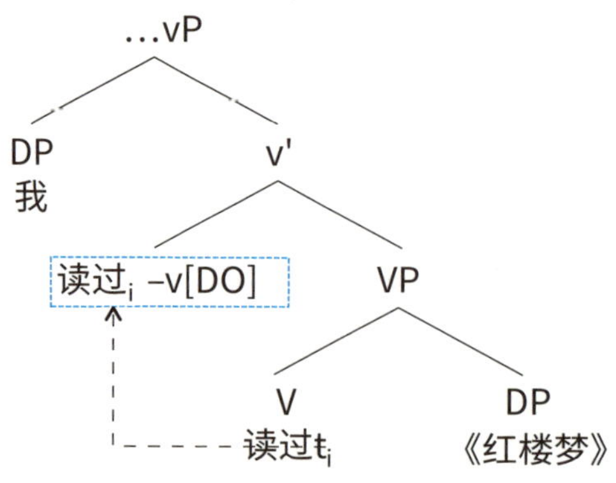

수형도에서 동사 '读过'는 먼저 '《红楼梦》'와 병합하여 <대상자> 의미역과 목적격을 주며 VP로 투사된다. 영형식의 경동사 DO가 통사부에 들어간 후에 동사구를 보충어로 취하여 병합한다. 동사 '读过'는 핵 이동을 하여 영경동사와 병합하여 '读过-DO'로 된다. '我'가 통사에 들어간 후에 '读过-DO+《红楼梦》'와 병합하여 경동사구(vP)로 투사된다. 수형도에서 도출된 경동사구는 '내가 어떤 일을 했는데, 그 일이 바로 《红楼梦》을 읽는 것이다'라고 해석할 수 있다. '我'는 경동사로부터 <행위자> 의미역을 할당 받는다. 수형도의 t는 흔적(trace)으로 동사의 원래 위치이다. 동사는 표면상(/선형적)으로 이동하지 않은 것과 차이가 없다. 그러나 수형도에서 보이듯 계층적으로는 상위의 경동사 자리로 핵 이동하여 일종의 '복합동사'를 구성한다.[4]

3.1.3. 3항 술어

먼저 제9강 동사구에서 살펴보았던 '이중목적어 논항 술어'에 대해 살펴보자. 먼저 해당 수형도를 보자.

동사구(VP) 예문(8) '他送我一本书'의 도출

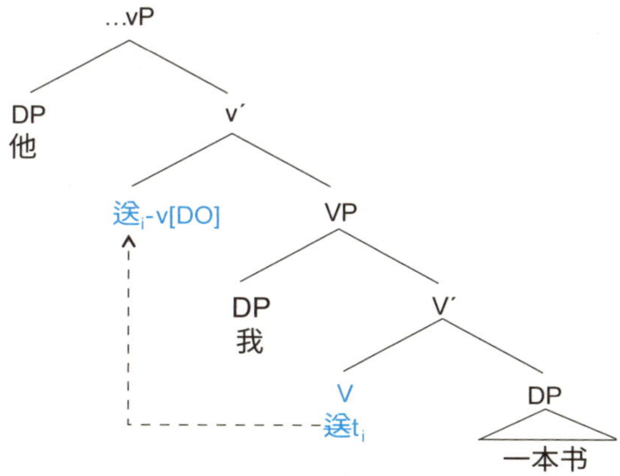

4) 전통문법학 분석에 따르면, 동사 '读'은 2항 술어이다. 즉 주어와 목적어 두 개의 논항이 필요하다. 하지만 상술한 이론의 분석에 따르면, 어근이 되는 동사 '读'은 하나의 목적어 논항 《红楼梦》만 가진다. 엄격히 말하면 '我'는 경동사 DO의 주어이고 DO의 논항에 속하지 '读'의 논항이 아니다. 따라서 우리가 '读'를 2항 술어라고 한다면 사실상 DO를 핵으로 하는 '读-DO'로 구성된 복합성분을 가리킨다. 이는 동사 위치보다 한 계층 위에서 형성된 것이다.

동사핵 '送'의 보충어는 '一本书'이고, 동사구(VP)의 지정어 위치에는 <수혜자> 의미역의 '我'가 놓인다. 행위의 사건의미를 나타내는 경동사의 당김에 의해 동사가 핵 이동함으로써 소위 '이중목적어 구'가 도출된다. 여기서 간접목적어 '我'는 동사 '送'의 보충어가 아니라 술어성분 '送-v[DO]'의 보충어에 속할 뿐이다.

3.1.4. 명시적 DO 경동사

전통문법에서는 '명시적 DO 경동사'를 '형식동사(形式动词)'라 한다. 이는 무늬만 동사이고 실상은 바로 뒤에 오는 단어가 동사이며, 형식동사가 그에 대해 동작성을 부여한다는 의미이다. 이에 대한 何元建(2011:219)의 설명을 보자.

(12) 명시적 DO 경동사의 예

a. 跟困难[作]斗争 / 跟困难斗争 고난과 투쟁하다.

b. 红十字会今天[展开]募捐 / 红十字会今天募捐 적십자회는 오늘 모금을 한다.

c. 市民[举行]游行 / 市民游行 시민들이 시위한다.

명시적 경동사(/형식동사)가 있는 구는 다음과 같은 특징이 있다.

첫째, 경동사와 술어 동사 사이에 부사어 성분이 들어갈 수 없다.
다음 예를 보자.

(13) a. '*作[跟困难]斗争',

b. '*加以[每天]整理',

c. '*举行[三天]游行'.

이는 경동사와 동사 사이의 관계가 매우 밀접하여 그 사이를 갈라놓을 수 없음을 말한다. 즉 경동사 핵은 직접적으로 동사구(VP)를 보충어로 취한다는 의미이다.

둘째, 경동사의 명시성 여부와 관계없이 의미는 동일하다.

경동사가 비명시적(/내현적)이라 해도 실제적으로는 존재하는 것으로 해석되기 때문이다. 다음 수형도를 비교해 보자.

(14) a. '市民举行游行'의 도출 b. 市民游行'의 도출

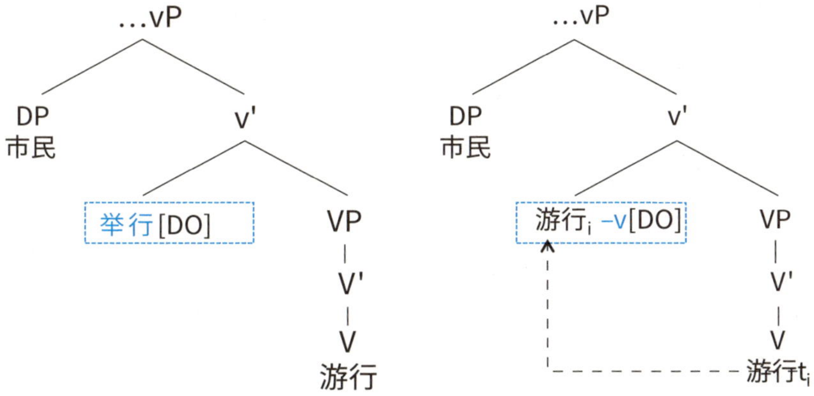

위 수형도a, b에서 보듯 이 두 구조는 모두 경동사구(vP)이다. 차이점은 경동사(v)가 명시적이냐 아니냐의 차이일 뿐이다.[5]

셋째, 술어 동사는 비능격동사이다.

활동[DO] 경동사가 대동하는 동사는 <대상자> 논항을 가지지 못하는 비능격동사(unergative)로 기능한다. 따라서 이들 동사 뒤에 <대상자> 논항이 오면 모두 비문이 된다. 다음을 보자.

(15) a. *进行调查案子 → [对案子]**进行**调查(안건에 대해 조사를 하다)
b. *予以揭露腐败 → [对腐败]**予以**揭露(부패에 대해 폭로하다)
c. *给以表扬先进 → [对先进]**给以**表扬(앞서가는 사람에 대해 칭찬하다)

---

5) a에서는 명시적/외현적(overt) 집행경동사 '举行[DO]'이 VP에 대해 성분통어한다. 반면, b에서는 비명시적/내현적(covert) 영형식의 경동사(-v[DO])가 그 자리에 동사를 당기어 병합하여 핵 융합체(/일종의 복합동사)를 만든다. 중국어의 외현적 경동사로서의 '举行[DO]'은 한국어의 경동사 '-하다[DO]'와 유사하다.

만일 논항을 더하려면, 전치사구를 통해 경동사의 앞에 더해야 한다.

3.2. 상태[BE] 사건의미

'상태'의 사건의미 표시에는 경동사 BE가 운용된다. BE는 일종의 정지 상태 혹은 관계를 나타낸다. 경동사 BE가 운용되는 술어는 자동사(전통문법에서 소위 형용사)이다. 다음 예를 보자.

(16) '她很漂亮'의 도출

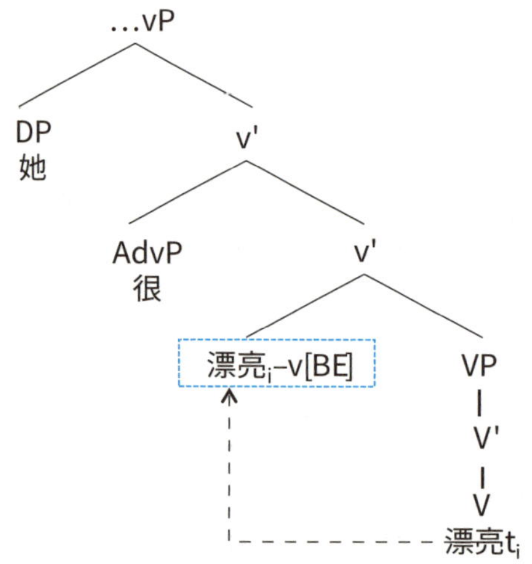

위의 수형도에서 보듯, 경동사 BE는 '상태'를 나타내며, 지정어 위치의 '她'에게 <대상자> 의미역을 할당한다.

3.3. 변화결과[BECOME] 사건의미

3.3.1. 1항 비대격동사 술어

'변화결과' 사건의미 표시에는 경동사 BECOME이 운용된다. '변화결과' 사건의미 표시에 잘 쓰이는 비대격동사(unaccusative, 非宾格动词) 구문에 대해 알아보자. 다음 예를 보자.

(17) '她死了[6]'의 도출

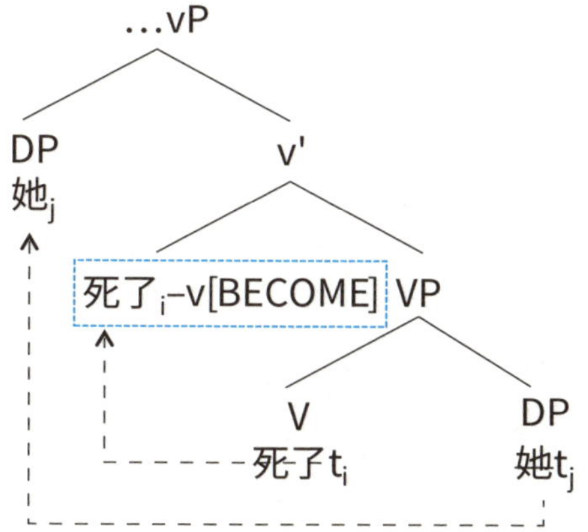

수형도에서 보듯, 1항 비대격동사 '死'는 보충어인 '她'에게 <대상자> 의미역은 할당하지만, 목적격은 부여하지 못한다. 따라서 '她'는 목적격을 부여받지 못하므로 부득불 (향후 주격을 받을 위치인) 경동사구의 지정어 자리(vP-Spec)로 이동한다. 그리고 동사는 핵 이동을 통해 영형식의 경동사(BECOME)와 병합한다. 이렇게 병합된 '死-BECOME'이 지정어 자리에 있는 '她'와 다시 병합하면서 '她'에게 <대상자> 혹은 그 하위 부류라고 보여지는 <경험자(experiencer)> 의미역을 할당한다.[7] 따라서 이 사건구조의 의미는

---

6) 변화결과의 사건의미를 가지는 BECOME 경동사구는 '비대격동사 구문'이며, 반드시 '了'를 필요로 한다. 이는 '변화'를 표시하는 상표지이며 접사로 처리한다.

7) 'V-BECOME'로 부터 의미역을 할당받는 지정어 위치의 성분(향후 주어로 투사될)은 종종 존재, 이동위치 혹은 변화가 발생하는 사람이나 사물 등이다. 이들의 의미역은 <대상자> 혹

'그녀는 사건의 변화를 경험했는데, 그 변화의 결과는 죽음이다'로 해석된다.

3.3.2. 2항 대격동사 술어

대격동사(accusative, 宾格动词)중, 특히 심리동사구는 변화결과 [BECOME] 표시 경동사의 보충어로 잘 어울린다. 다음 예를 보자.

(18) '我喜欢她'의 도출

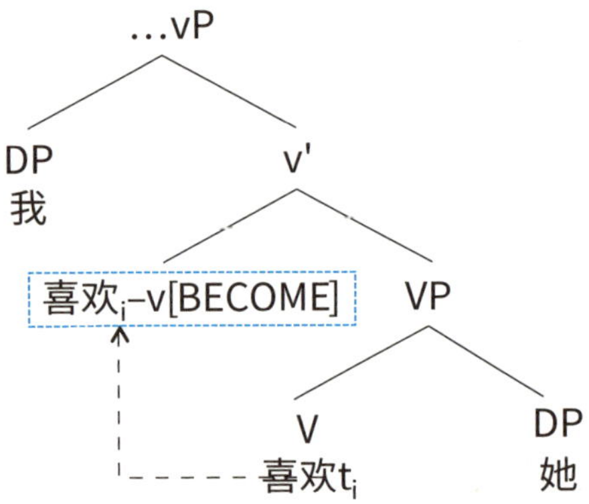

수형도에서 동사 핵 '喜欢'은 자신의 자매 위치에 있는 논항 '她'를 보충어로 취하여 <대상자> 의미역을 할당하고, 또 [목적격]을 부여한 후 동사구(VP)로 투사한다. 한편, 영형식의 경동사 BECOME은 동사구(VP)를 보충어로 취하여 병합함으로써 변화결과의 사건의미를 부여한다. 자신은 영형식이므로, 하

은 <경험자>이다. 여기서 한 가지 생각할 점은 이미 동사의 보충어 위치에서 <대상자> 의미역을 할당받았는데 경동사구의 지정어 위치로 이동하고 다시 <경험자> 의미역을 받을 수 있는가의 문제이겠다. 한 번 의미역이 결정되고 나면 바뀌지 않아야 한다는 것이 원칙이다. 그러나 최초에 이루어지는 '동사와 그 보충어 간의 의미역 할당'이 명제화 차원(vP)에서 보면 완전하지 않을 수 있다. 또, 동사구는 사건구조화(/명제화)를 위해 결국 경동사구로 투사되어야 하는데, 이때 핵은 경동사이다. 결국 동사구는 경동사에 의해 사건구조로 명제화되며, 경동사구 내에서의 의미역 할당의 권한은 최종적으로 경동사가 가진다. 이런 원인 때문에 동사구에서 <대상자>의미역을 할당받았던 한정사구(DP)가 경동사구의 지정어 위치로 이동한 후에 <경험자> 의미역으로 확정된다 하겠다. 또 다른 견해로는 <경험자> 의미역을 가지는 한정사구(DP)가 경동사구의 기저, 즉 처음부터 경동사구의 지정어 위치(vP-Spec)에서 도출된다고 보기도 한다.

위 계층의 핵 '喜欢'을 당기어 '喜欢-BECOME'가 된다. 아울러 지정어 위치에 '我'를 배치하고 <경험자> 의미역을 할당한다. 위 수형도가 나타내는 의미는 '나는 어떤 상태를 마음속에 느끼게 되었데, 이는 그녀를 좋아하는 것이다'로 해석된다.

3.4. 원인[CAUSE]-결과[BECOME] 사건의미

3.4.1 비명시적 사역 경동사

먼저 두 개의 경동사가 모두 비명시적인 'CAUSE-BECOME' 구의 도출에 대해 살펴보자.

(19) '他感动了我'의 도출

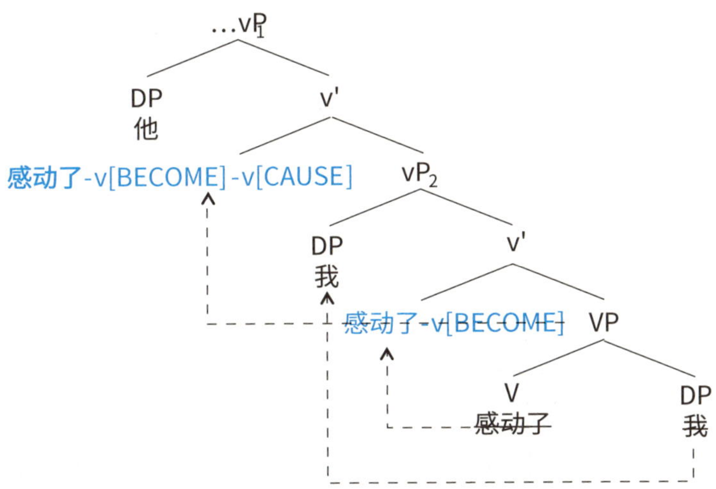

동사핵 '感动了'는 변화결과를 나타내는 비명시적(/내현적) 경동사 -v[BECOME]의 완성을 위해 이동한다. 이때 보충어 '我'도 vP_2-Spec의 위치로 이동하여 <경험자> 의미역을 할당받아 vP_2로 투사한다. 한편, 상위의 경동사 -v[CAUSE]도 내현적이므로 하위의 핵인 '感动了-v[BECOME]'을 모두 당겨 병합하여 '感动了-v[BECOME]-v[CAUSE]'를 구성한다. 또, vP_1-Spec위치에 <원인자(causer)> 의미역을 할당하여 vP_1로 투사한다. 따라서 이 경동사구의 사건의미는 ‘그는 나에게 모종의 행위(/상태가 되게)를 하였는데, 그 결과 나는 감동하였다’라는 의미를 표현한다.

3.4.2 명시적 사역 경동사

이는 사역 경동사가 외현적인 ‘CAUSE-BECOME’ 사건의미 구조를 말한다. 먼저 다음 수형도를 보자.

(20) ‘他使我感动了’의 도출

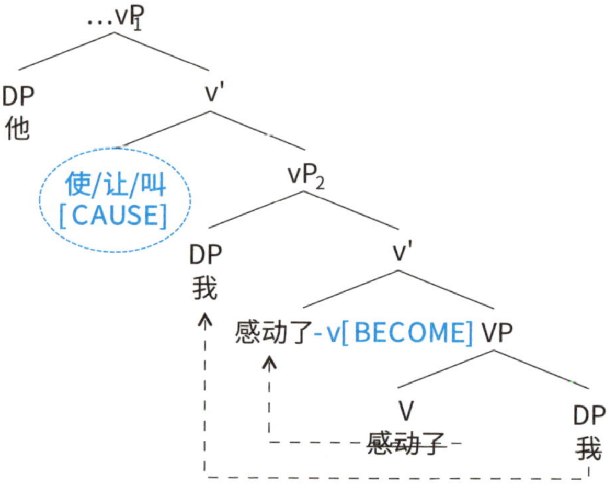

위 수형도에서 보듯, 현대중국어에서 명시적인 사역 경동사로 ‘使, 让, 叫, 把’등이 있다. 즉, 원인을 나타내는 vP_1에 명시적인 사역 경동사를 쓰는 경우이다. 이와 달리 변화결과를 나타내는 vP_2는 여전히 비명시적인 경동사를 쓰므로 동사핵을 당기어 병합한다. 이 사건의미는 ‘그는 나에게 모종의 행위(/상태가 되게)를 하였는데, 그 결과 나는 감동되었다’라는 의미를 표현한다. (20)의 사건의미는 (19)와 동일하다. 사역표시의 경동사 CAUSE가 명시적이냐 아니냐만 다를 뿐이다.

4. 경동사의 의미역 할당

본서는 제9강의 4.2에서 '동사의 의미역 할당'에 대해 알아보았다. 여기서는 경동사에 의한 의미역 할당문제를 살펴보자. 결론부터 말하자면, 경동사는 경동사 차원에서, 동사는 동사 차원에서 각각 자신들과 자매(sister) 관계에 있는 논항에게 의미역을 부여한다. 경동사가 부여하는 각종 사건의미에 따른 의미역 할당 상황은 다음과 같이 표찰붙은 괄호(labelled bracketing)로 요약하여 표시할 수 있다.

(21) 경동사의 사건의미 부여와 의미역 할당

a. [...vP <**행위자**>[v' V$_i$-DO[VP ~~V~~$_i$ <대상자>]]]

b. [...vP <**대상자**>[v' V$_i$-BE[VP ~~V~~$_i$]]]

c. [...vP <**대상자**$_j$>/<**경험자**$_j$>[v' V$_i$-**BECOME**[VP ~~V~~$_i$ <t$_j$>]]]

d-1. [...vP$_1$ <**원인자**>[v' V$_i$-**BECOME-CAUSE**[vP$_2$ <**경험자**$_j$>[v' ~~V~~$_i$-~~BECOME~~[VP ~~V~~$_i$ <t$_j$>]]]]]

d-2. [...vP$_1$ <**원인자**>[v' **CAUSE(使/让/叫/把)**[vP$_2$ <**경험자**$_j$>[v' V$_i$-**BECOME**[VP ~~V~~$_i$ <t$_j$>]]]]]

이상에서 a는 활동[DO] 사건의미 구조, b는 상태[BE] 사건의미 구조, c는 변화[BECOME] 사건의미 구조, d는 '원인[CAUSE]-결과[BECOME]' 사건의미 구조이다. 이 가운데 꺽쇠 < > 부분에 표시된 의미역이 각 경동사가 할당하는 것들이다.

이상의 각 예를 다시 수형도를 통해 살펴보자.

(22) 활동[DO] 사건구조의 도출과 의미역 할당

① 모형

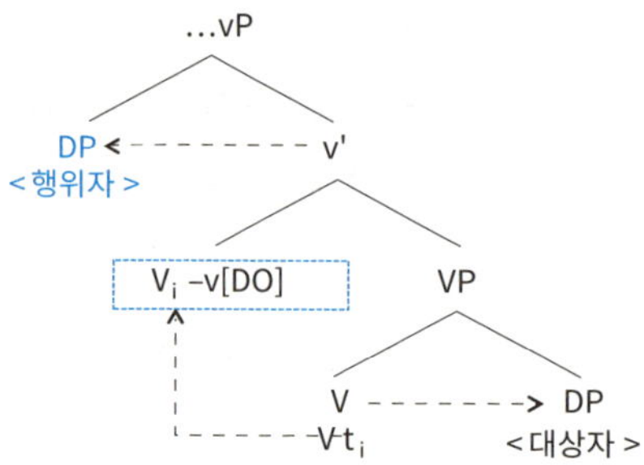

② '我读过《红楼梦》'의 도출

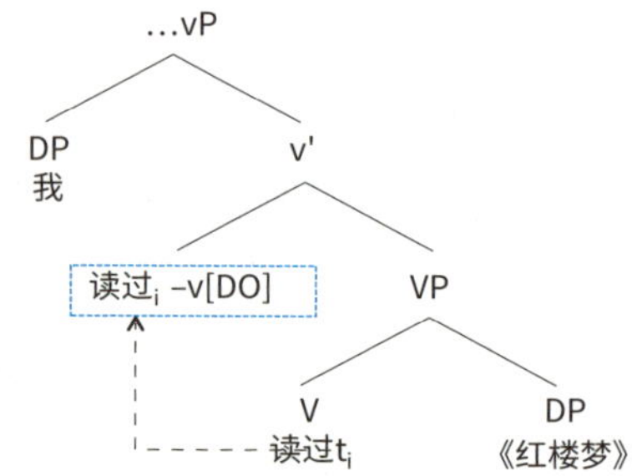

예에서 보듯, 활동표시 경동사 DO는 자신의 지정어(vP-Spec) 논항에게 <행위자(agent, 施事)> 의미역을 할당한다.

(23) 상태[BE] 사건구조의 도출과 의미역 할당

① 모형

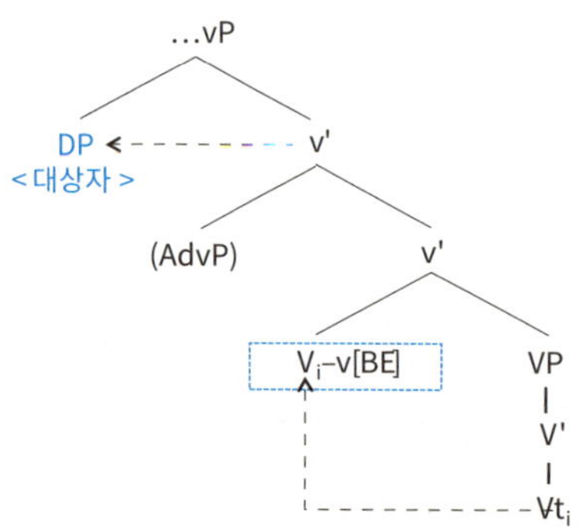

② '她很漂亮'의 도출

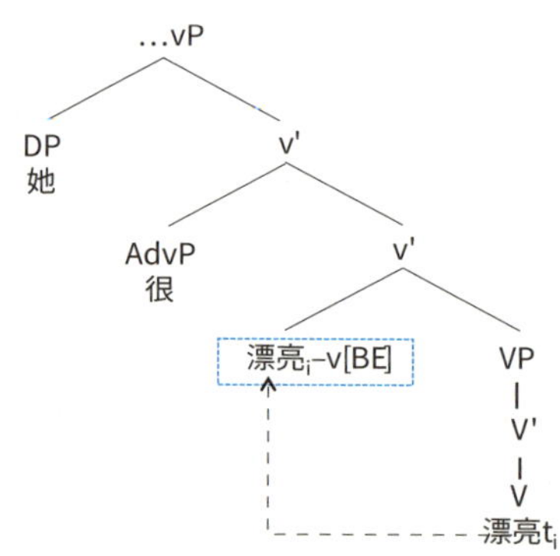

예에서 보듯, 상태표시 경동사 BE는 자신의 지정어 논항에게 <대상자(theme, 客事)> 의미역을 할당한다.

(24) 변화결과[BECOME] 사건의미 구조의 도출과 의미역 할당

① 모형

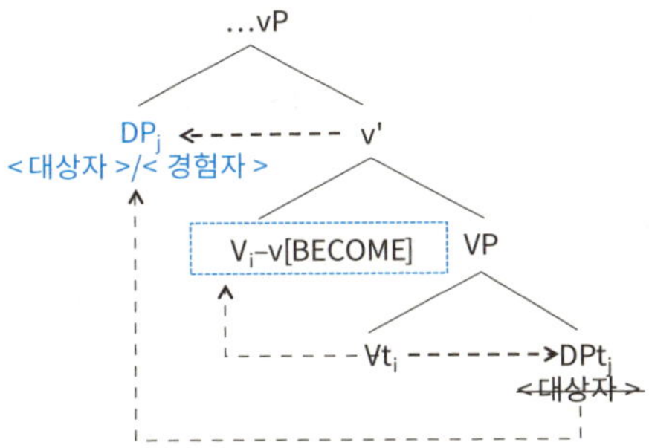

② '火车到了'의 도출

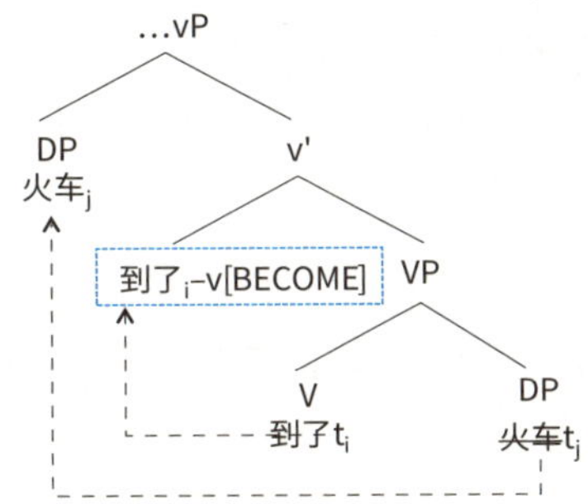

예에서 보듯, 경동사 'V-BECOME'은 자신의 지정어 자리의 논항에게 <대상자(theme, 客事)> 혹은 <경험자(experiencer, 当事)> 의미역을 할당한다.[8]

(25-1) '원인[CAUSE]-결과[BECOME]' 사건의미 구조의 도출과 의미역 할당(1)

이 경우는 두 개의 경동사가 모두 비명시적인 경우이다.

① 모형

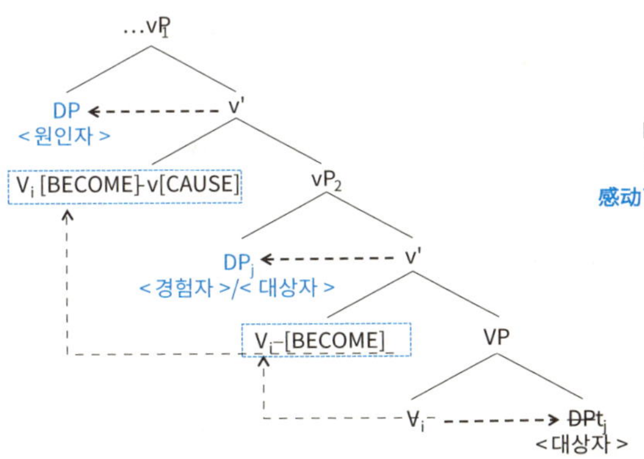

② '他感动了我'의 도출

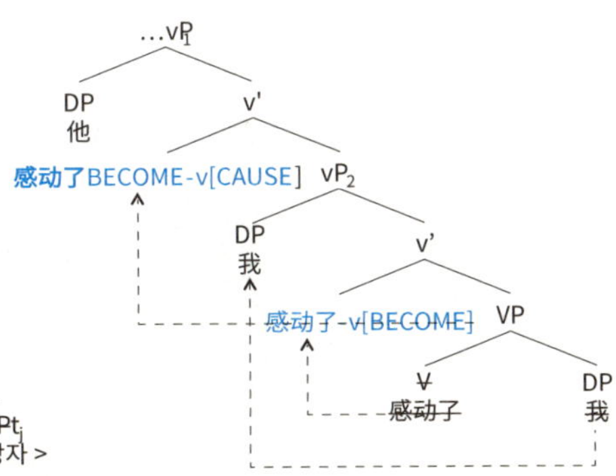

---

8) 이 구에서 경동사 융합체(V-v[BECOME])가 할당하는 의미역은 <대상자> 혹은 <경험자> 중의 어느 하나라는 의미이지, 두 의미역을 동시에 준다는 의미가 아니다. 즉, '火车到了'에서 '火车'는 <대상자> 의미역을 할당받으며, '他使我感动了'에서 '我'는 <경험자> 의미역을 할당받는다.

수형도에서 보듯, 경동사 'V-BECOME'은 자신의 지정어 자리(vP_2-Spec)의 논항에게 <대상자(theme, 客事)> 혹은 <경험자(experiencer, 当事)> 의미역을 할당한다. 한편 상위의 경동사 CAUSE에 병합된 'V-BECOME-CAUSE'은 자신의 지정어 자리(vP_1-Spec)의 논항에게 <원인자(causer, 致事)> 의미역을 할당한다.

(25-1) '원인[CAUSE]-결과[BECOME]' 사건의미 구조의 도출과 의미역 할당(2)

이 경우는 경동사 CAUSE는 명시적이고, BECOME은 비명시적인 경우이다.

① 모형　　　　② '音乐使生活丰富'의 도출

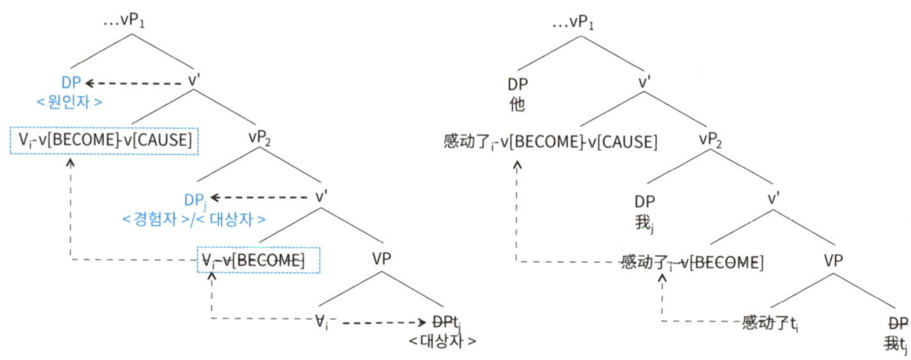

수형도에서 보듯, 경동사 'V-BECOME'은 자신의 지정어 논항에게 <대상자> 혹은 <경험자> 의미역을 할당한다. 한편 상위의 명시적으로 '원인[CAUSE]'을 나타내는 '使, 让, 叫, 把' 등은 자신의 지정어 논항에게 <원인자> 의미역을 할당한다.

제11강 시제사구(TP)

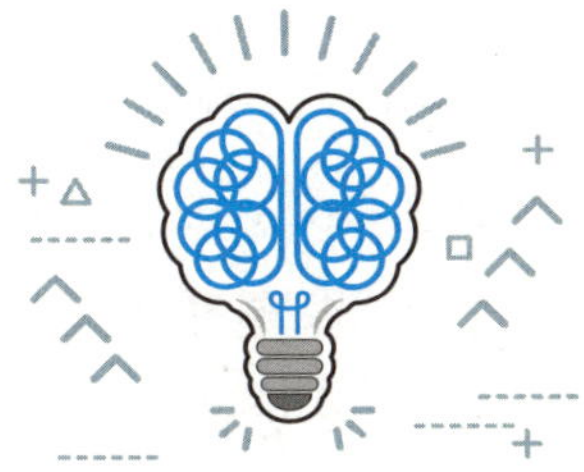

통사부에서 시제사구(TP)가 도출되는 위치를 찾아보자.

(1) 시제사구의 도출 위치

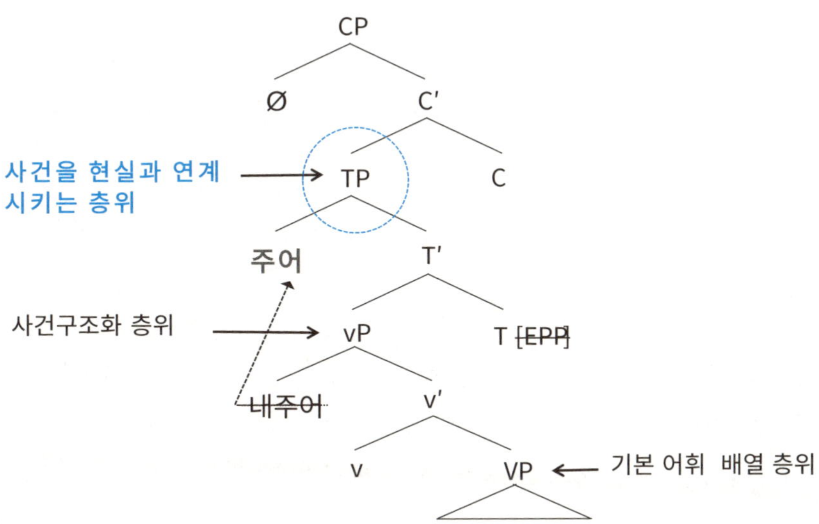

시제사구(TP)는 계층적으로 경동사구(vP)의 위, 보문사구(CP)의 아래에 위치한다. 시제사구는 이미 사건의미와 시제의미를 가지는 거의 완전한 의미의 구(phrase) 구조체이다.

1. 정의와 핵 분류

시제사구에 관련된 정의를 보자.

(2) a. 시제사구(TP)는 시제사(tense)가 핵이 되는 구로, 해당 구조체의 크기와 상관없이 최종적으로 TP로 투사되는 모든 구는 시제사구이다.

b. 시제사는 경동사구를 보충어로 취하여 사건구조에 시제의미를 부여함으로써 사건을 현실과 연계시키는 기능을 하는 품사이다.

시제사구는 '시제사(T)'가 핵이 되어 경동사구(vP)를 보충어로 취하여 최대투사하는 구이다. 중국어의 시제사를 보자.

(3) 시제사의 분류와 예

시제사의 분류		시제사의 예	
		기능어	내용어
명시적인 시제사	과거	了$_2$，来着	각 종 시간사
	현재	∅	각 종 시간사
	미래	∅	각 종 시간사
비명시적인 시제사	과거	∅	
	현재	∅	
	미래	∅	

중국어의 시제는 영어처럼 굴절적 변화를 가지는 BE 동사나 조동사(Auxiliary)에 의해 나타나지 않는다. 위의 표에서 보듯, 중국어에서는 시제사가 비명시적이므로, 혹자는 중국어는 시제가 없다고 말하기도 한다.[1] 그러

1) 梅廣(2013)은 중국어는 약시제언어(weakly tensed language)이므로, 어기표지(mood marker)가 가지는 중요성이 시제(tense)나 상표지(aspect marker)보다 중요함을 강조한다. 그는 실현(realis)과 비실현(irrealis)의 대립이 기능층위(functional layer)의 중심이라고 보았다.

나 어떤 언어든 '시제'를 떠나서는 사건구조에 대해 현실과 연계된 의미를 부여할 수 없다. 보편문법의 관점에서 볼 때 중국어도 시제사와 시제는 존재할 것이다. 다만 중국어의 시제는 주로 언어환경이나 어휘(내용어: 각종 시간명사나 시간부사 등)에 의해 표현되는 특징이 있다하겠다.[2]

2. 기본구조의 도출

시제사가 핵이 되어 보충어인 경동사구와 병합하여 주어성분을 투사시키고, 주격을 부여함으로써 시제사구(TP)가 도출된다. 다음 수형도를 보자.

---

2) 김종호(2012)는 전통문법적 관점에서 시제를 절대시제(시간명사에 의한 시제)와 상대시제(시간 부사어에 의한 시제)로 분류한 바 있다.

<table>
<tr><th colspan="5">시제의 분류와 표현 요소</th><th>예 문</th></tr>
<tr><td rowspan="2">현재시제</td><td>절대</td><td colspan="2">시간명사</td><td>现在, 目前, 如今, 眼前, 今天</td><td>ⓐ 我现在去北京。</td></tr>
<tr><td>상대</td><td colspan="2">시간부사</td><td>正, 正在, 在</td><td>ⓑ 他正在看着书。</td></tr>
<tr><td rowspan="3">미래시제</td><td>절대</td><td colspan="2">시간명사</td><td>将来, 明天, 明年, 下星期</td><td>ⓒ 我明天去北京。</td></tr>
<tr><td rowspan="2">상대</td><td colspan="2">시간부사</td><td>将, 就要, 快要 马上, 立刻</td><td>ⓓ 春节快要到了。</td></tr>
<tr><td colspan="2">"V_2"는 "V_1"에 비해 상대 미래</td><td>연동구문</td><td>ⓔ 他上书店买书。</td></tr>
<tr><td rowspan="8">과거시제</td><td>절대</td><td colspan="2">시간명사</td><td>过去, 去年, 刚才, 上星期</td><td>ⓕ 我过去去过那个地方。</td></tr>
<tr><td rowspan="7">상대</td><td colspan="2">시간부사</td><td>已, 已经, 曾经 早就, 早已</td><td>ⓖ 他已经离开了家。</td></tr>
<tr><td rowspan="6">"V_1"은 "V_2"에 비해 상대 과거</td><td>동태조사 无</td><td>연동구문</td><td>ⓗ 他主张找她谈谈。</td></tr>
<tr><td rowspan="5">동태조사 有</td><td>V_1着+V_2 식</td><td>ⓘ 你躺着看书对眼睛不好。</td></tr>
<tr><td>V_1了+V_2了 식</td><td>ⓙ 他吃了晚饭进了自己的屋。</td></tr>
<tr><td>V_1了+V_2着 식</td><td>ⓚ 他吃了晚饭坐着, 一句话也不说。</td></tr>
<tr><td>V_1过+V_2了 식</td><td>ⓛ 他吃过晚饭去了一趟朋友家。</td></tr>
<tr><td>V_1过+V_2过 식</td><td>ⓜ 他吃过晚饭去过一趟朋友家。</td></tr>
</table>

위의 표에서 보는 바와 같이 중국어의 시제표현법도 정밀하고 다양하다. 다만 영어처럼 기능어 층위를 운용하지 않는 특징이 있다 하겠다.

(4) 주어 투사 수형도

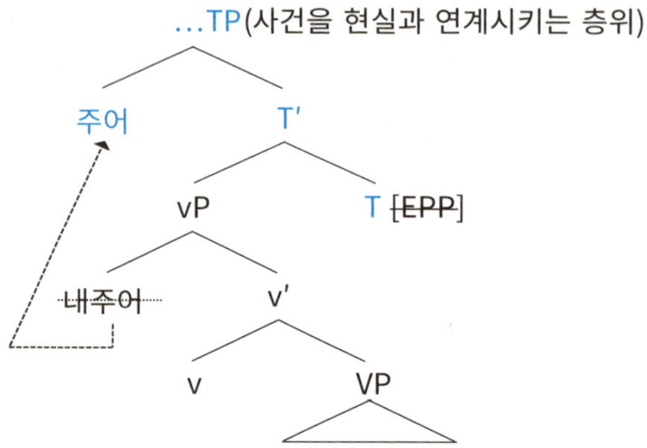

수형도에서 보듯, 시제사(T)는 경동사구(vP)를 보충어로 취하여 병합함으로써 명제에 대하여 시간의미를 부여한다.[3] 위 수형도에서 주어성분은 원래 경동사구인 'vP'의 지정어 위치에 있다. 소위 사건구조는 경동사구에 의해 표현되는데, 사건에는 반드시 참여자가 있으며, 사건의 참여자는 통사부에서 논항으로 표현한다. 경동사구의 지정어 위치에는 반드시 논항이 있어야 한다. 이 논항은 경동사와 병합하여 사건의미를 표시하지만 아직 주격을 받지는 못했다. 이 논항을 병합하여 주격을 부여하는 힘이 시제사에게 있다. 즉, 시제사가 통사부에 들어간 후 주어 이동을 유발한다. 이는 시제사 속에 있는 '확대투사자질(EPP)'을 점검하기 위한 수단이다.[4] 다시 말하면 시제사구의 지정어 위치(TP-Spec)는 절의 주어 위치이고, 어떤 언어에서 그 위치는 비일 수 없다. 따라서 경동사구의 지정어 자리에 있는 논항을 시제사구의 지정어 위치로 이동

---

3) 따라서 시제사구(TP)는 경동사구를 통해 확보한 사건구조의미 뿐만 아니라 '시제'를 가지는 거의 완전한 '절' 상태의 구(Phrase)이다. 이는 소위 '문장'을 구성하는 필수성분을 사건, 시간, 문장유형(句类)이라 할 때, 사건과 시간이 확정된 상태의 구조체이다.

4) 확대투사원리(Extended Projection Principle)를 만족시키는 자질을 EPP자질이라 한다. Williams(1980), Chomsky(1981, 1986), Rothstein(1985) 참조. 주어 이동을 유발하는 이러한 자질에 대해 촘스키는(1995)는 '강 명사구 자질(strong NP-feature), '강 한정사 자질(strong D-feature)', '확대투사원리 자질(EPP feature)', '해석불가 굴절자질(uninterpretable inflectional feature)', '일치자질(agreement feature)' 등 여러 명칭으로 부르기도 한다.

시켜 주격(nominative)을 부여함으로써 시제사구(TP)로 투사된다.

다음 예에서 주어의 도출과정을 보자.

(5) '小李说什么来着?'의 도출

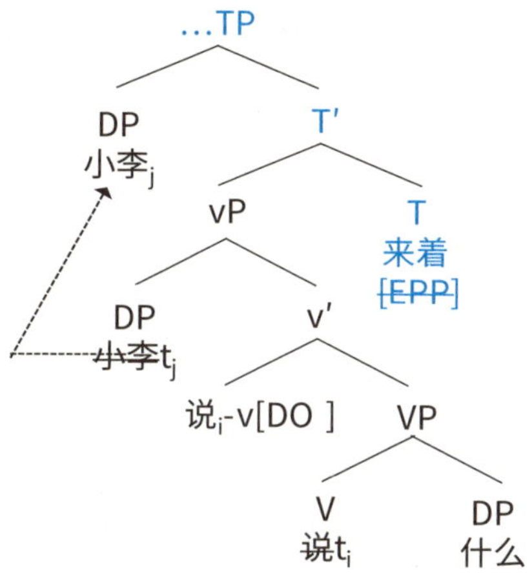

동사 '说'는 '什么'를 자신의 보충어로 가지며, <대상자> 의미역을 할당하고, 또 목적격을 부여한 후 동사구(VP)로 투사된다. 경동사 핵 '[DO]'는 동사구를 보충어로 취하여 활동의 사건의미를 부여한다. 우선 핵 이동에 의해 '说'를 당기어 병합함으로써 '说-DO'를 구성하고, '他'를 경동사구의 지정어에 위치시켜 병합하고, 그것에 대해 <행위자> 의미역을 할당함으로써 경동사구(vP)로 투사된다. 이때 시제사(T)는 '来着'는 경동사구(vP)를 보충어로 취하여 병합하고, 경동사구 지정어 자리(vP-Spec)의 논항 '小李'를 시제사구의 지정어 자리(TP-Spec)로 이동시켜 주격을 부여함으로써 시제사구(TP)를 투사시킨다.

한편, 수형도에서 중국어의 시제사(T) '来着'의 위치를 보자. 그것은 문미에 출현한다. 즉, 시제사는 경동사구를 보충어로 취하되, '핵 후행(head final)' 어순이다.[5] 이때 시제사 '来着'는 '과거' 시제를 표시할 뿐만 아니라 '小李'의 위

---

5) 수형도에서 보듯 동사구, 경동사구의 투사는 '핵선행(head initial)' 어순으로 투사된다. 반면 시제사구와 보문사구는 '핵후행어순'으로 투사된다. 이점에서 중국어의 핵투사는 '종합형'에 속한다고 할 수 있겠다.

치이동을 유발하는 확대투사자질(EPP)이 있다. 이에 '小李'는 위치이동을 통해 시제사의 EPP자질을 점검한다. 시제사 '来着'의 적용범위는 성분통어하는 경동사구 전체에 해당한다. 즉, '小李说什么'라는 사건발생이 과거라는 시간의미를 부여한다. 시제사의 기능은 이처럼 문장 내 사건과 현실세계를 연결하여 '직시(dexis)'[6]의 특성을 갖추게 한다.

또, 시제사 '了₂'의 도출과정을 보자.

(6) '我吃饭了'의 도출

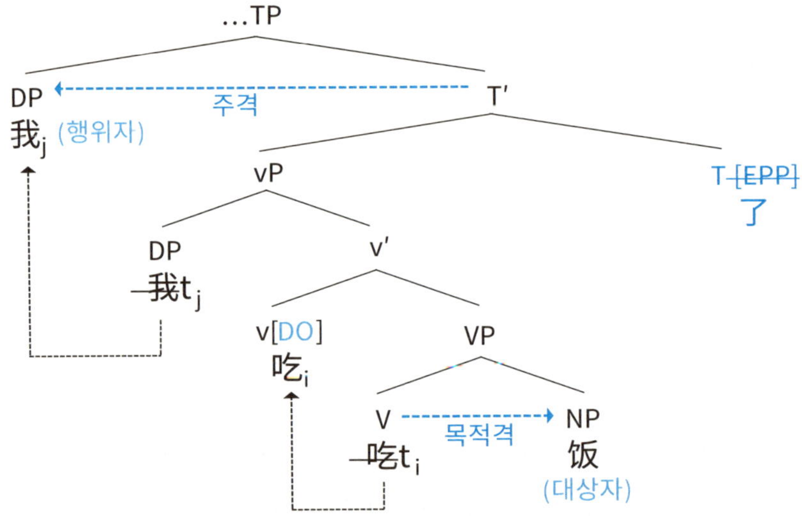

먼저 동사 '吃'는 보충어 논항 '饭'과 병합한다. 논항에게 <대상자> 의미역을 할당하고 목적격을 준 후 동사구로 투사된다. 경동사(v)는 이 동사구를 보충어로 취한다. 자신이 영형식이므로 핵 이동을 통하여 '吃'를 당겨 병합함으로써 '吃-DO' 융합체를 만든 후 지정어 위치의 '我'와 병합하여 <행위자> 의미

---

6) 언어를 통해 '가리킨다' 라는 뜻이다. 영어를 예로 들면, this나 that과 같은 지시적 표현을 통해 가리킴을 뜻한다. 인물, 공간, 시간에 대한 지시적 표현들은 동일한 문맥을 공유하는 화자와 청자에 따라 해석이 달라질 수 있다. 직시의 종류는 다음과 같다. ① 인칭직시(person deixis)-사람을 지시하기 위해 사용되는 형태들을 말한다. 예) I, you, he, she, it ② 공간직시(spatial deixis)-위치를 지시하기 위해 사용되는 형태들을 말한다. 예) here, there. ③ 시간직시(temporal deixis)-시간을 지시하기 위해 사용되는 형태들을 말한다. 예) now, then, this, that

역을 할당하고 경동사구(vP)로 투사된다. 이 상태는 이미 명제적인 사건의미가 완성된 상태이다. 다만 시제가 개입되지 않은 상태이다. 이에 시제사 '了$_2$'는 경동사구 전체를 보충어로 취하여 병합하며, 이에 대해 '과거'라는 시제의미를 부여한다. 한편, 시제사 '了$_2$'는 자신의 확대투사자질(EPP)의 점검을 위해 경동사구 지정어 위치(vP-Spec)의 논항을 시제사구의 지정어 위치(TP-Spec)로 확대투사시켜 주격을 부여한 후 시제사구(TP)로 투사된다.

3. 주격 부여

시제사구의 기능적 특징은 주격의 구 구조 구성에 있다. 먼저 영어의 대명사가 보이는 격변화 형태를 살펴보자.

(7)	주격	목적격	소유격
	I	me	my
	我	我	我的
	we	us	our
	我们	我们	我们的

영어는 중국어와 달리 격이나 수에 따른 대명사의 형태차이가 있다. 그렇다면 격에 따른 대명사의 형태차이가 의미하는 것은 무엇인가? 그것은 격이 다른 대명사는 반드시 서로 다른 통사위치에 출현해야 한다는 것이다. 예를 들면, 주격 대명사는 주어의 위치에 출현하고, 목적격 대명사는 목적어의 위치에 출현해야 한다. 이런 격을 '구조격'이라고 하며, 주어와 목적어 위치는 모두 구조격을 가지는 위치이다. 그러면 누가 격을 주는가? 이에 대해 Chomsky(1981.1986a.1986b)는 시제사가 주격을 부여한다고 한다. 다음 수형도를 보자.

(8) 시제사의 주격 부여 투사도

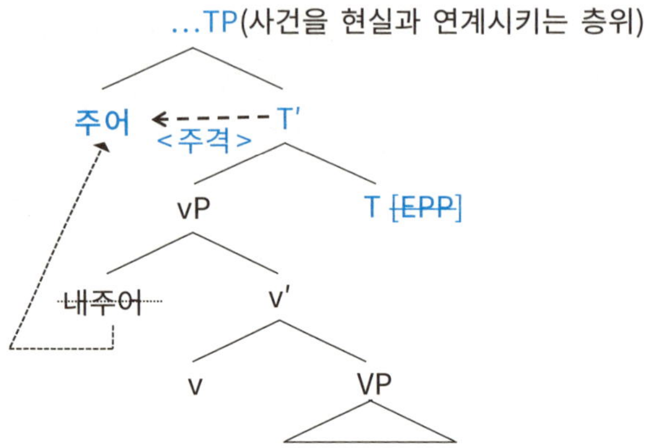

위 수형도에서 보듯, 시제사구(TP)의 핵(T)은 자신의 지정어 위치에 주어성분을 당기어(핵이동) 주격을 부여한다. 이는 자신의 확대투사자질(EPP)을 점검받기 위해 발생한 것이다. 이렇게 하여 만들어지는 시제사구는 '사건의미'와 '시제'를 가지는 구 단계이다. 따라서 비교적 완전한 '절' 상태의 구(Phrase)이다.

이처럼 시제사의 기능은 사건구조에 시제의미를 표현하는 것과 더불어 주격을 부여하는 것이다. 시제사의 이런 기능은 결국 주어 자리를 확정하는 것으로, 시제사구의 지정어 자리(TP-Spec)는 주어를 위해 준비된 자리이다. 시제사 'T'가 어휘부에서 통사부로 들어오면 시제사의 확대투사 자질(EPP feature)이 주어를 끌어당겨 이동시키고, 주어는 최종적으로 시간사와 병합하여 시제사구 'TP'를 투사한다. 따라서 주어의 종착점은 시제사구의 지정어이다. 주어를 시제사구의 지정어 위치에 출현시켜야 한다는 주장은 원칙적으로 생성문법이 줄곧 가설했던 '확대투사원리'를 반영한 것이다. 다시 말해 시제사구의 지정어 자리는 절의 주어자리이며, 이 자리는 비어 있어서는 안 된다는 뜻이다.[7]

주어성분은 원래 시제사구보다 한 단계 아래에서 경동사구의 지정어 자리에

---

7) 시제사구는 1980년대에는 일반적으로 '굴절사구(IP)'로 불렸으며, 이 때문에 확대투사원리는 굴절사구의 지정어를 주어 위치로 요구했다. Chomsky (1995)은 굴절사를 시간사 'T', 일치관계사 'Agr' 등의 기능어로 나누었다. Chomsky (1995)와 그 후의 저작에서는 주어 위치를 시간사구의 지정어 위치(TP-Spec)로 확정하였다.

위치하는데,[8] 이는 주어가 논항구조 속에서 사건의 참여자로 완전해석 될 수 있도록 한다. 이런 점에서 의미역과 주격을 잘 분별해야 한다. 의미역(θ-role)은 사건참여자들이 동사 혹은 경동사로부터 할당받는 의미적인 역할이다. 따라서 연극으로 친다면 배역에 해당하겠다. 한편, 격(case)은 동사(목적격 부여) 혹은 시제사(주격 부여)가 의미역을 할당받은 논항에게 부여하여 밖으로 드러나 보이게 하는 '구조적인 자격'이다. 따라서 연극으로 친다면 배역에 걸맞는 '의상(/옷)'이라 하겠다.

구조격은 주격(nominative)과 목적격(objective) 뿐이며, 의미역과 상관없이 구조격, 특히 주격을 부여받는 자리에 와 있다. 何元建(2011: 47-52)의 예를 통해 다양한 의미역이 공통적으로 주격을 부여받는 양상을 보자.

(9) a. [**张三**]打李四。<**행위자(agent, 施事)**> 장싼이 리쓰를 때린다.
b. [**张三**]丢了眼镜。<**경험자(experiencer, 当事)**> 장싼이 안경을 잃어버렸다.
c. [**张三**]令李四伤心。<**원인자(causer, 致事)**> 장싼은 리쓰가 상심하게 했다.
d. [**张三**]被李四打了。<**대상자(theme, 客事)**> 장싼이 리쓰에게 맞았다.
e. [**张三**]是我老师。<**관련자(relative, 系事)**> 장싼은 나의 선생님이시다.
f. [**张三**]有四个孩子。<**소유자(genitive, 领事)**> 장싼은 네 아이가 있다.

위의 예에서 보듯 '张三' 및 '钥匙' 등의 의미역은 각각 다양하지만 모두 주격을 받는다. 따라서 시제사구 차원에서는 논항의 의미역이 무엇이냐가 관건이 아니다. 해당 논항이 시제사의 자질점검을 통해 주격을 부여받느냐의 여부가 중요한 것이다.

---

8) 이처럼 '주어가 (경)동사구 내에 위치했다가 통사적 이동을 통해 시제사와 병합한다.'는 가설을 '내부주어가설(VP Internal Subject Hypothesis/VPISH)'이라 한다.

제12강 보문사구(CP)

통사부에서 보문사구가 도출되는 위치를 찾아보자.

(1) 보문사구의 도출 위치

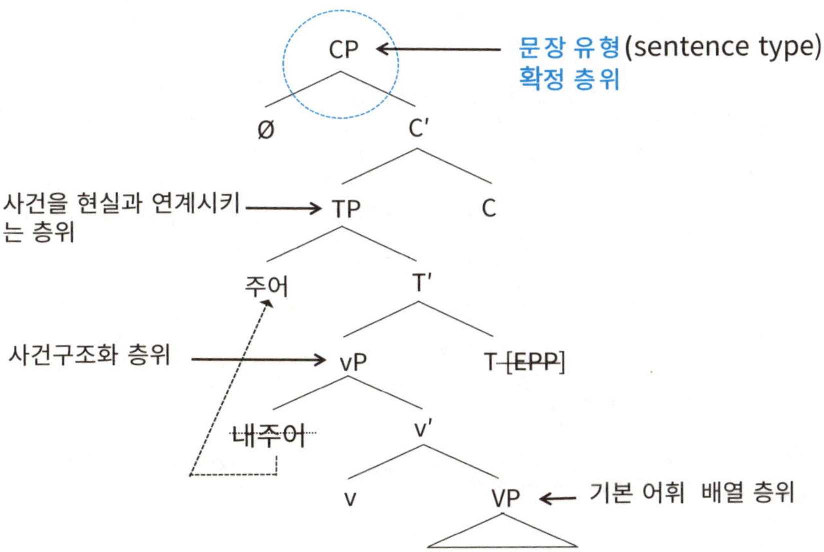

수형도에서 보듯 보문사(complementizer C, 标句词)는 통사부 최상위 계층의 핵이다. 보문사의 투사체인 보문사구(CP)는 하위에서 구성된 시제사구

(TP)에 대해 기능적 유형(sentence type)을 확정하는 층위이다.

1. 정의와 핵 분류

보문사구에 대한 정의를 보자.

(2) a. **보문사구(CP)**는 보문사(complementizer)를 핵으로 하는 구로, 해당 구조체의 외형적 크기와 상관없이 최종적으로 CP로 투사되는 구이다.

b. 보문사는 시제사구(TP)를 보충어로 취하여 그에 대해 기능적 유형(sentence type)을 표시한다.

보문사구(CP)는 결국 사건의미, 시제, 문장의 유형 확정 기능들을 모두 포괄하는 층위로, 통사부의 실질적인 최대투사체이다.

보문사구의 핵인 보문사(C)를 표로 보자.

(3) 중국어 보문사의 분류와 예

보문사 분류		보문사의 예
명시적 보문사	진술	문장부호(。), 일부 접속사
	의문	문장부호(?), 일부의 의문사, 일부의 어기조사(吗, 呢)
	명령	문장부호(!), 일부 어기조사
	감탄	문장부호(!), 일부 어기조사
비명시적 보문사	진술	어조
	의문	어조
	명령	어조
	감탄	어조

보문사(C)는 보충어로 병합하는 절(TP)에 대해 기능적 유형을 확정한다.[1] 문장의 유형은 전통문법의 분류에 따르면 평서문, 의문문, 명령문, 감탄문 네 가지 유형으로 나눌 수 있다. 邓思颖(2010)은 중국어에서 문장을 판별하는 중요한 수단은 억양(语调)이며, 모든 문장은 특정한 억양을 가진다고 한다. 억양은 비록 초(/비)분절음(super fragment, 超音段成分)에 속하지만, 많은 언어에서 문장의 기능적 유형을 나타내는 보편적인 수단이 된다. 본서도 억양을 보문사의 하나로 본다.

2. 기본구조의 도출

다음 수형도를 보자.

(4) 보문사구의 도출

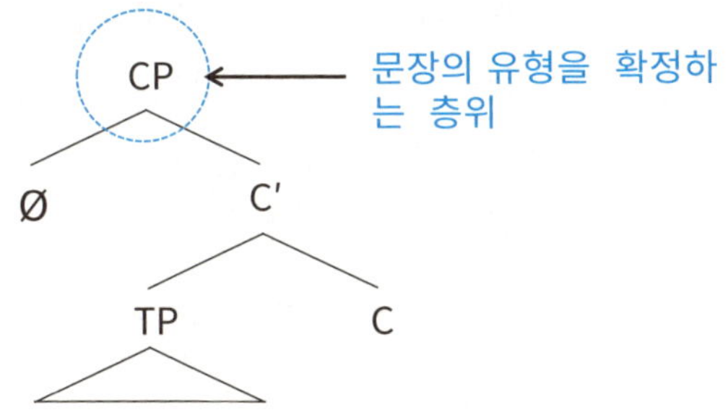

수형도에서 보듯, 보문사구(CP)의 핵(C)은 보충어인 TP에 대해 어투나 힘을 전달함으로써 일정한 기능적 유형을 확정해주는 역할을 한다. 중국어에서 TP의 지정어 성분은 이미 주격을 부여받았음으로, 더 이상 이동하지 않기 때문에 CP의 지정어 자리는 종종 비어있다.[2]

---

1) Cheng(1991), Chomsky(1995) 참조

2) 영어의 경우, 특히 의문문에서 CP-Spec 자리에 반드시 'Wh- 의문사'를 위치시키는 특징(Wh-이동)이 있다. 단 중국어는 의문사가 이 자리로 이동하는 것이 매우 수의적이다.

한편, 중국어 C핵의 위치와 관련하여 생각해볼 점이 있는데, C핵과 T핵은 우분지 절점에 나타난다는 점이다. '你去过了吗?'의 예를 통해 살펴보자.

(5) 중국어 보문사 핵의 위치: '你去过了吗?'의 예

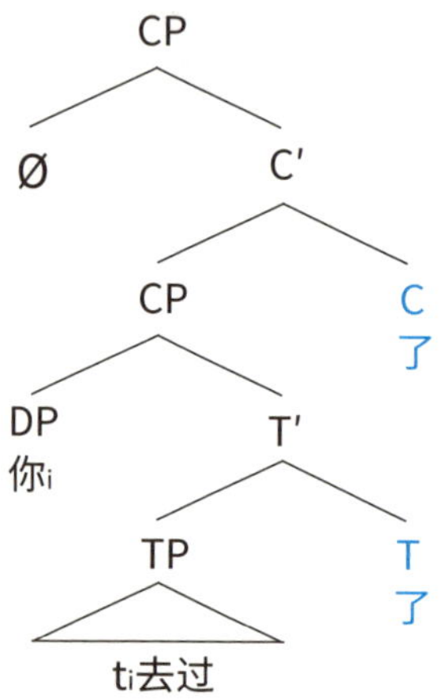

수형도에서 보듯, 보문사구(CP)는 사건을 나타내는 경동사구(vP), 시간을 나타내는 시제사구(TP), 문장유형을 나타내는 보문사구(CP)를 포함하는 하나의 완전한 구조를 갖춘 문장(/절)이다. 문미의 '吗'가 바로 중국어에서 '의문'을 표시하는 보문사(C)이다.[3] 또 문미의 '了'는 시제사(T)이다.

보문사구는 스스로 하나의 완전성을 갖춘 구조이며, 또 다른 동사의 내포절로 쓰일 수 있다. 다음 수형도를 보자.

---

3) 한편, 수형도에서 C핵은 T핵과 더불어 우분지 절점에 표시된다. 본서는 제7강에서 '핵 선행(head initial)'의 이론 틀에 근거해 핵이 보충어에 앞서는 좌분지 구조를 상정했었다. 그러나 수형도에서 보듯, 시제사와 보문사는 '핵 후행(head final)'의 우분지 구조를 보인다. 이렇게 보면 중국어의 구 도출은 핵 선행과 핵 후행이 함께하는 종합형 구조라고 하겠다.

(6) '我知道[你去过了]。'의 도출

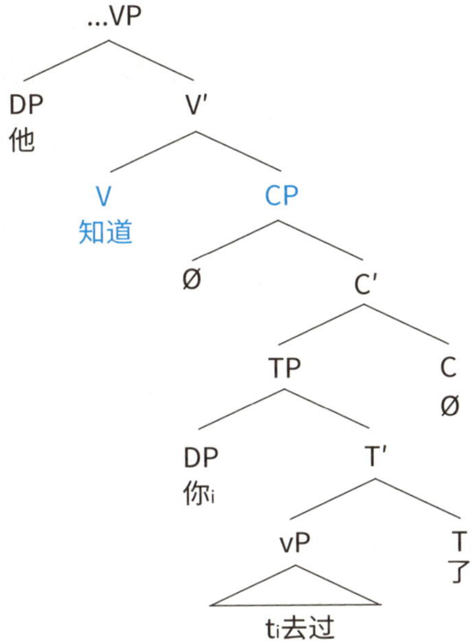

수형도에서 '知道'의 보충어인 '你过去了' 역시 보문사구(CP)이다. 경동사구(vP) 내 이동의 흔적(trace, 语迹)은 주어 '你'가 이동 후 남긴 것이다. 이 구조에서 보문사는 이 내포절의 문장유형이 평서문이라는 것을 나타낸다. 한편, 주절의 동사 '知道'는 보문사구를 보충어로 선택하여 'V(知道)'와 'O(你去过了)'라는 소위 '술목구조'를 만들었다.[4] 이처럼 보문사구는 통사부 내에서 스스로 최고 계층의 구(phrase)를 만들 수도 있고, 또 다른 동사의 보충어로 충당될 수도 있다.

4) 전통문법에서는 이런 종류의 목적어를 동사성 목적어(动词性的宾语)라고도 한다.

3. 어조 문제

중국어에서도 어조(intonation, 语调)는 보문사적인 기능을 보인다. 다음 예를 보자.

(7) a. 他对我说：[他昨天来了。]
그는 나에게 "그는 어제 왔"다고 말했다.
b. 他对我说：[你昨天来了?]
그는 나에게 "너 어제 왔"냐고 말했다.

한국어의 경우 (7)a에서 보듯 '-다고'는 시제사구(TP)를 보충어로 가지는 보문사(C)로 '진술'을 표시한다. 또, b에서 보듯 '-냐고'는 시제사구(TP) '너는 어제 왔'에 대해 '의문'을 표시한다. 그러나 중국어는 이런 명시적인 보문사를 쓰지 않고 어조를 통해 문장의 유형을 결정한다. 즉 예(7)a-b에 각각의 어조를 줌으로써 '他昨天来了'에 대해 문장의 유형을 결정한다.

邓思颖(2010)은 이런 점에서 중국어의 진정한 보문사는 어조라고 한다. 어조(语调)는 서면어에서 보통 문장부호로 나타낸다. 예를 들어 마침표, 물음표, 감탄표 등이다. 마침표는 서술식(declarative, 陈述式)에 해당되고, 물음표는 의문식(interrogative, 疑问式)에 해당 되며, 감탄표는 감탄식(exclamative, 感叹式)이나 명령식(imperative, 祈使式)에 해당된다. 이런 개념은 문장의 기능적 유형에 속하는 것이다. 문장유형(Sentence Type, 句类)에 대해 일찍이 胡附·文炼(1990:96)은 "입말체(口语)에서는 문장 전체의 어조에 의해 구별될 수 있다."고 한다. 이처럼 어조는 문장유형(句类)을 표시하는 일종의 표현 형식이다. 何元建(2011)도 어조가 보이는 보문사로서의 기능을 강조한다. 어조는 그 성질이 비교적 특수하며, 음운 형식뿐만 아니라 형식자질도 가진다는 것이다. 이런 점에서 중국어의 억양은 어휘부에서 하나의 독립된 품사로서의 자격이 있다는 것이다.

어조는 어휘부에서 선택되어 통사부로 들어오면 시제사구에 대해 그 유형을 확정해준다. 특히 중국어의 어조는 문장 말미의 음절에 두드러지게 나타난다.

따라서 수형도에서 어조의 위치는 아래와 같다.

(8) 어조의 위치와 기능

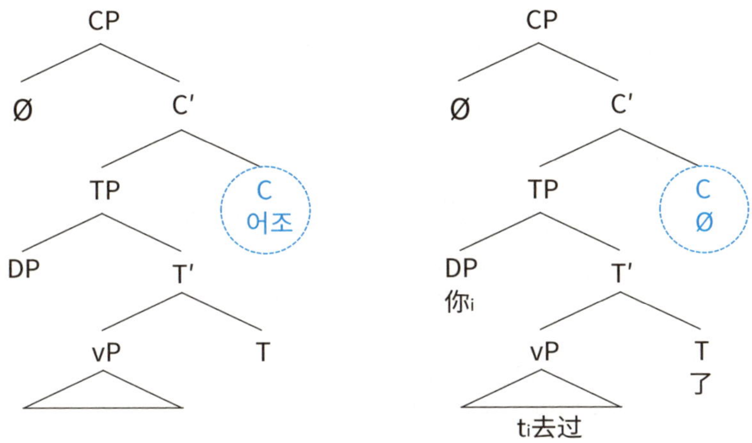

수형도에서 보듯, 어조는 보문사의 하나이므로 통사부에서 최상위 계층의 핵이다.

중국어에서 어조는 소위 음고(音高)와 관계된다. 성조가 음절에 대한 높낮이를 나타내는 반면, 어조는 문장에 대한 높낮이를 나타낸다.[5] 어조에 따른 문장의 어투에 대해 알아보자.

첫째, 상승조(升调)

어조상 문미를 올리는 것으로 의문, 반문, 호소, 선동등의 어투를 나타낸다.

(9) 谁说王老师没来? ↗(누가 왕선생님이 안 오셨냐고 말해?)

(10) 快加油哇! ↗(힘내라!)

5) 黄伯荣·廖序东(2002a:127) 참조

둘째, 하강조(降调)

어조상 문미를 내리는 것으로 서술, 명령, 감탄등의 어투를 나타낸다.

(11) 她会游泳。↘(그녀는 수영할 줄 안다.)

(12) 不要乱穿马路！↘(함부로 길을 건너지 마시오!)

셋째, 평탄조(平调)

어조상 명확한 고저나 상승이 없는 것으로, 사태에 대한 서술, 또는 엄숙함이나 냉담함등의 어투를 나타낸다.

(13) 从前有座山, 山上有座庙。
(이전에 산이 하나 있었고, 산 위에는 절이 하나 있었다.)

(14) 下面宣布学生管理条例。(다음에는 학생관리 규칙을 선포합니다.)

넷째, 굴국조(曲折调)

어조상 굴곡적인 고저의 변화를 나타내는 것으로, '하강상승조'와 '상승하강조'로 나뉘며 대부분 풍자, 과장, 함축, 유머등의 어투를 나타낸다.

(15) 你的胆子↘可真大呀!↗(너 진짜 간이 부었군!)

(16) 就有一千个理由↗ 也不能让我相信。↘
(비록 천 가지 이유가 있다 해도, 나로 하여금 믿게 하지는 못해.)

그러나 이상의 예에서 보듯, 중국어에서 어조는 의문문의 경우 상승조로 표시되는 외에 어떤 엄격한 일관성을 찾기가 어렵다.

제13강 기타 구

1. 부사구(AdvP)

1.1. 정의

부사구에 대한 본서의 정의를 보자.

(1) a. 부사구는 부사를 핵으로 하는 구로, 해당 구조체의 외형적 크기와 상관없이 최종적으로 부사구(AdvP)로 투사되는 모든 구는 부사구이다.
b. 부사구는 문장에서 일반적으로 **부가어(adjunct, 附加语)**가 되어 술어 혹은 명제에 대하여 수식한다.

1.2. 도출

부사구의 도출위치는 일반적으로 동사구(VP)의 위 경동사구(vP)의 내부이다. 다음 몇몇 경우를 보자.

1) 부사가 부사구가 되는 경우

다음 수형도에서 부사구의 도출위치를 찾아보자.

(2) '她[很]聪明。(그녀는 매우 총명하다.) '의 도출

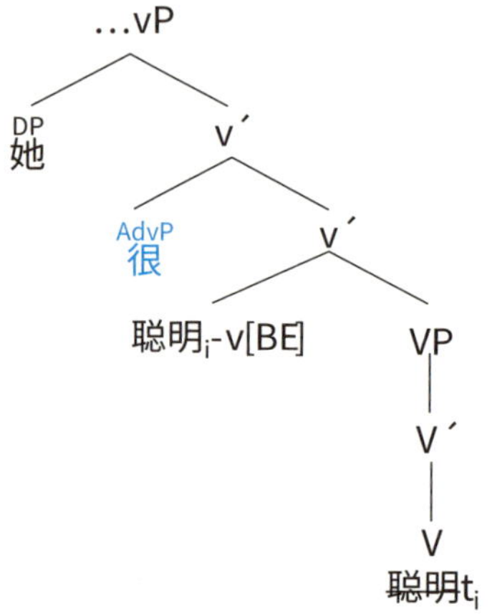

2) 중첩식 부사가 부사구가 되는 경우

다음 수형도에서 부사구의 도출위치를 찾아보자.

(3) '他[好好]吃了一顿。그는 밥 한 끼를 잘 먹었다.'의 도출

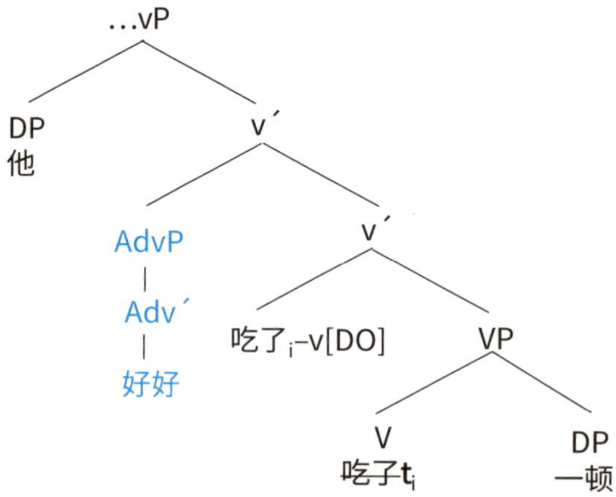

3) '地'자구가 부사구가 되는 경우

다음 수형도에서 부사구의 도출위치를 찾아보자.

(4) '他[悄悄地]跑了出来。그는 살그머니 빠져나왔다.'의 도출

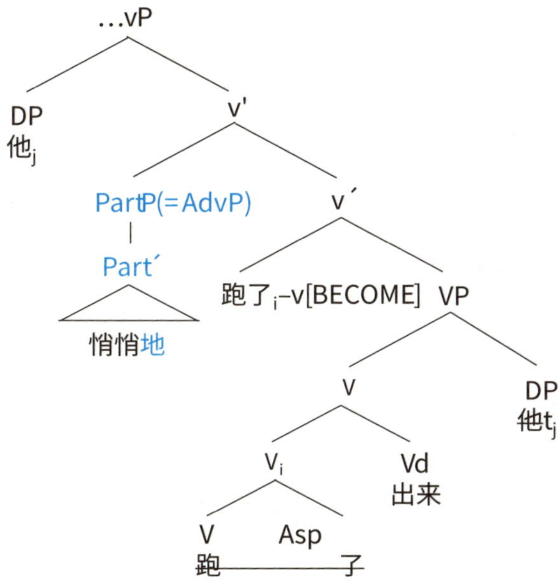

'PartP'는 조사구(Particle Phrase)를 의미한다.[1)]

4) 전치사구가 부사구가 되는 경우

다음 수형도에서 부사구의 도출위치를 찾아보자.

---

1) '-地'를 조사로 처리할 것인지 접미사로 처리할 것인지, 또 그 기준은 어떠해야 할 지 좀 더 연구가 필요하겠다.

(5) '他[在北京]上大学。그는 베이징에서 대학을 다닌다.'의 도출

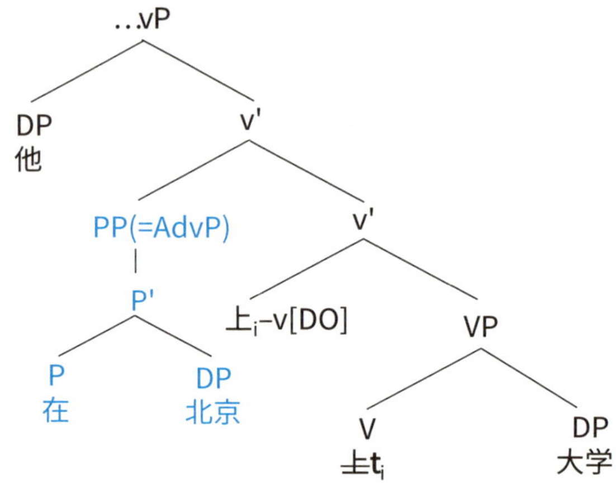

5) 동사구가 부사구가 되는 경우

다음 수형도에서 부사구의 도출위치를 찾아보자.

(6) '他[**坐飞机**]来北京。그는 비행기를 타고 베이징에 온다.'의 도출

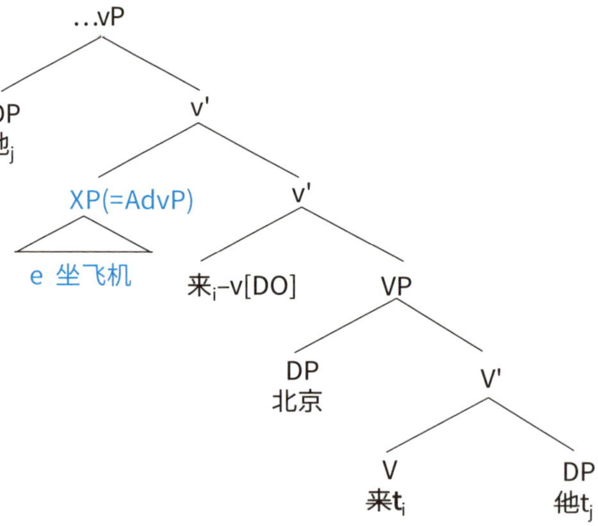

동사구가 부사구로 투사되는 'e坐飞机'에서 e는 他와 동일 지시관계이다. 중국어 전통문법에서는 '수단/방법'을 표시하는 '연동문(连动句)'이라는 술어를

써서 기술한다. 그러나 수형도에서 보듯 'e坐飞机'는 모종의 절이지만 전체 구 구조 가운데서는 명백히 부사어로 기능한다. 따라서 이것을 '他来北京'과 동일 선상(/계층)에서 바라보는 것은 적절하지 않다.

6) 여러 개의 부사구를 가지는 경우

한 문장에 여러 개의 부사구가 수식어로 쓰이는 예를 보자.

(7) '老师[**大概**][**也**]会来北京。선생님도 아마 역시 북경에 오실 것이다.'의 도출

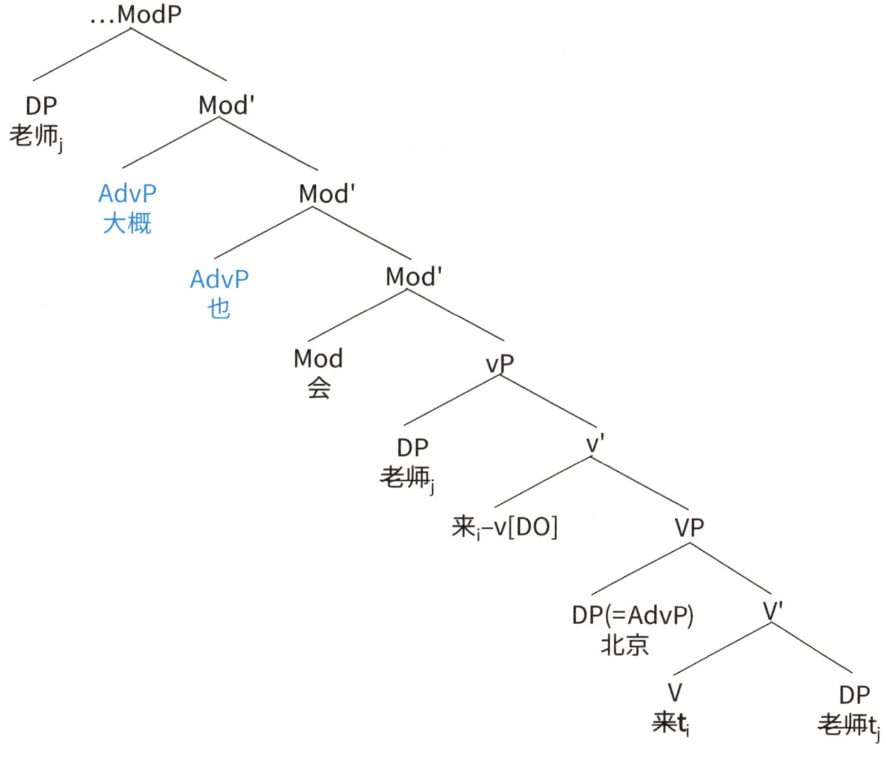

위 예는 '大概'와 '也'라는 두 개의 부사구가 있고, 양태(modality)를 나타내는 조동사 '会'가 핵이 되는 구(ModP)이다. 이 문장은 진리치(truth value)를 따질 수 없고, 양태를 나타내는데 중점이 있다. 양태는 일반적으로 명제의 진리치에 대한 화자의 주관적 입장을 표명하는 것이므로, 대개 경동사구 이상의 단계에서 도출된다. 이때 양태사 '会'의 상위 계층에 위치하는 부사구들은

양태의미에 대해 모종의 추가적인 의미를 더한다.[2)]

2. 전치사구(PP)

2.1 정의

전치사구에 대한 본서의 정의를 보자.

(8) a. 전치사구(PP)는 전치사를 핵으로 하는 구로, 해당 구조체의 외형적 크기와 상관없이 최종적으로 PP로 투사되는 모든 구는 전치사구이다.

b. 중국어에서 **전치사는 자신의 보충어에게 시간, 장소(원점/출발점/도달점), 도구, 방식, 관련대상, 비교대상, 수혜자, 탈취자 등 여러 추상적인 의미역을 할당한다. 또 보충어에게 여격(dative)을 부여할 수도 있다.**

중국어에서 전치사구는 전치사가 핵이 되어 한정사구를 보충어로 취하여 최대투사하는 구이다. 다양한 형식의 전치사구가 있으며, 구에서 일반적으로 부사어(/부가어)가 되어 수식기능을 한다.

전통문법에서 중국어 전치사의 분류와 용례를 김종호(2012)를 통해 보이면 다음과 같다.

---

2) 이 구조의 도출에서 동사 '来'는 왕래발착을 나타내는 전형적인 비대격동사이다. 따라서 그 보충어 논항 '老师'는 목적격을 받지 못하므로, 향후 주격을 받을 자리(지정어 자리)를 찾아 계속 이동하는 중에 양태사구의 지정어 자리(ModP-Spec)로 이동하였다. 이 구조가 향후 시제사구(TP)로 투사된다면, '老师'는 주격을 받기 위해 또 그 지정어 자리(TP-Spec)로 이동한다. 한편, VP-Spec의 '北京'은 동사 앞에 위치하며 장소를 나타내는 부사어이다. 동사의 핵 이동에 의해 이것이 표면상 동사 뒤에 위치한다 하여 목적어라고 할 수 없다.

전치사의 의미		예 문
시간 장소 방향 표시	시간 '기점'	这雨从昨天晚上一直下到现在。
	'시점'	我是在你走了以后才去的。
	구체 장소 '기점'	由$_1$天安门经前门到琉璃厂。
	추상적 단계의 '장소'	在中学教育的基础上还要进行兩年专业培训。
	'근접'	欢迎你们到北京来。
	'이탈'	北京饭店离机场远吗?
	'지나감'	他们沿着375路向西直门方向骑去。
'근거' 표시 '근거' 표시		根据我方産品的具体情况, 我们认为在电视上播放为好。
		那就按你说的买。
'수단'이나 '방법' 표시		你不是要用信用卡提款吗?
'원인' 표시		他因病没有上班。
'목적' 표시		谢谢, 为友谊幹杯!
'대상' 표시	공동행위 '跟, 同'	那家公司同中国有商业往来。
	행위주체 '由$_2$'	什么时候去由我们定。
	관계 '对, 关于'	他对我点点头表示同意。
	전치 '把, 将'	昨天把王府井的几家时装店都跑遍了。
	피동 '被, 给$_1$'	衣服被雨淋湿了。
	수여 '给$_2$'	你有事可以给我打电话。
	비교 '比'	依我看, 比中档的高级不了多少。
	제외 '除, 除了'	阅览室里除报纸以外还有杂誌。
	대리 '替'	明天我替他讲课。
	봉사 '为$_2$, 给$_3$'	我在北京饭店给你们订了个房间。
	어투 '連'	他们连一句话也没说。

2.2. 도출

전치사구(PP)의 도출과정에서 보이는 몇몇 특징에 대해 알아보자.

1) 전치사구의 보충어

중국어 전치사 핵은 반드시 보충어를 요구한다. 이때 보충어로 충당될 수 있는 성분이 매우 다양해 보이나 그 최종 투사체는 반드시 한정사구(DP)이어야 한다.[3] 이러한 원칙은 이하 모든 경우에 적용된다. 여기서는 특히 외견상 동사성구가 보충어로 쓰이는 몇몇 예를 보자.

첫째, 보충어가 동사구처럼 보이는 경우

(9) '为了[解决问题](문제 해결을 위해)'의 도출

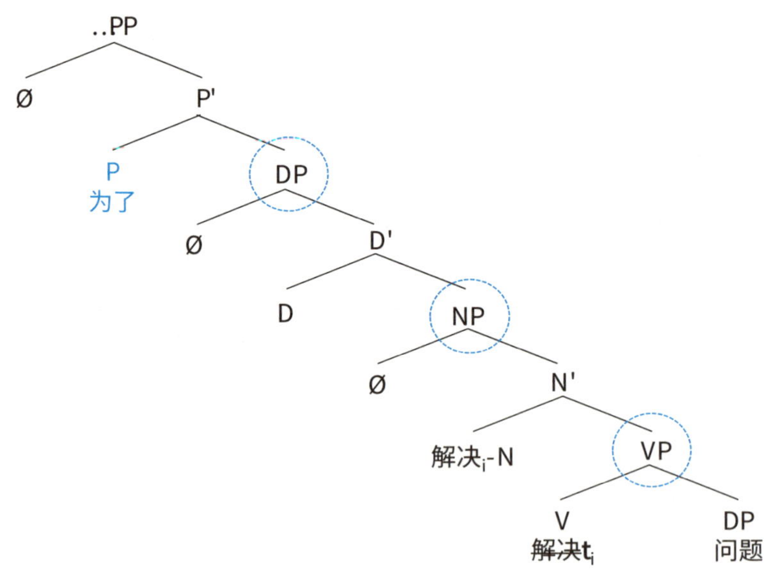

3) 이론상 모든 동사성구도 최종적으로 DP로 투사되어야 전치사의 보충어가 될 수 있다. 따라서 동사성 구가 DP로 투사되기 위해서는 우선 예(9)의 하단부 2, 3층위에서 보이듯 명사화(nominalization)가 필수적이다.

위 수형도에서 전치사구(PP)의 핵은 전치사 '为了'이고, 그것의 보충어는 한정사구(DP) '解决问题'이다. 따라서 제일 하위에 있는 동사구(VP) '解决问题'는 명사화한 후, 한정사구로 투사되어야 한다. 따라서 수형도에서 보이는 것과 같은 DP화 과정을 거쳤을 것으로 유추할 수 있다.[4)]

둘째, 보충어가 전치사구처럼 보이는 경우

전치사구도 전치사 핵의 보충어가 될 수 있다.

(10) '从[对你的态度](당신에 대한 태도로 부터)'의 도출

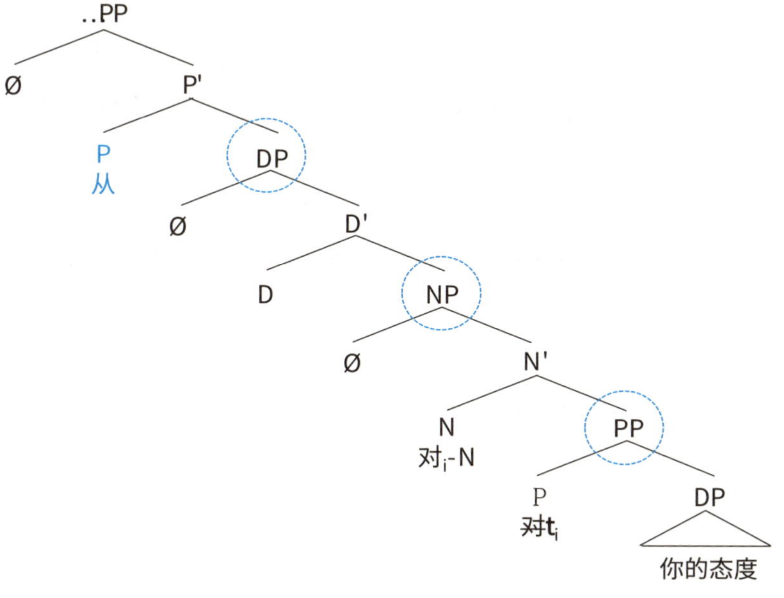

셋째, 보충어가 소절(clause)처럼 보이는 경우

외견상 소절(XP)처럼 보이는 구조도 최종적으로 한정사구로 투사되면, 전치사 핵의 보충어가 될 수 있다.

---

4) 한국어의 경우는 명사화소 '-기/것' 등이 있지만 중국어는 이런 형태변화가 없다. 그러나 보이지 않는 중에 모종의 변화가 발생했을 것이고, 그에 따라 동사구가 전치사의 보충어로 기능할 수 있다.

(11) '对[我们学汉语](우리가 중국어를 배우는 것에 대해)'의 도출

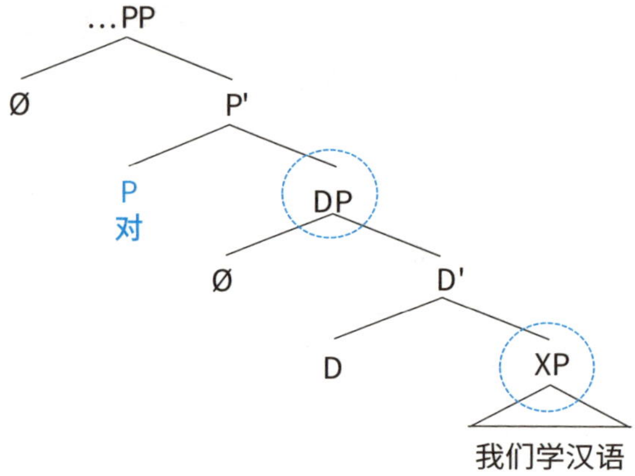

수형도에서, 소절(XP) '我们学汉语'가 비명시적인 한정사에 의해 한정사구로 투사된 후, 전치사 핵 '对'의 보충어가 되어 전치사구로 최대투사되었다.

2) 전치사구의 지정어

현대중국어에서 전치사구의 지정어(PP-Spec) 자리도 일반적으로 채워지는 것 같다.

첫째, 지정어가 한정사구(DP)인 경우

(12) '长城以北'의 도출

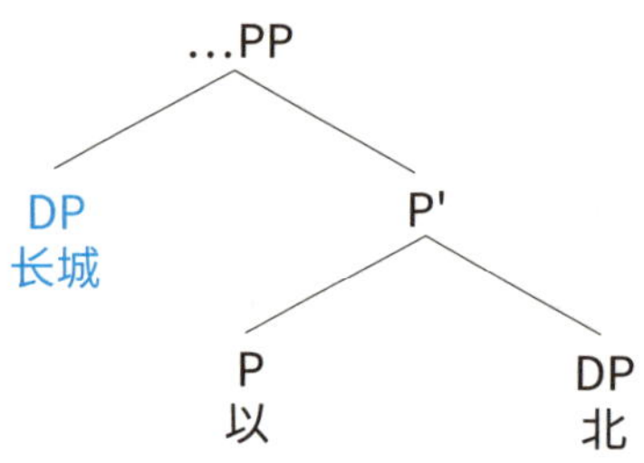

이 전치사구의 보충어 '北'는 필수성분이며, 지정어(PP-Spec) 위치에는 한정사구(DP) '长城'이 왔다. '汉水以南, 一百块以外'등에서 보듯 전치사구의 지정어 위치도 일반적으로 비이지 않는 것 같다.

둘째, 지정어가 전치사구(PP)인 경우

(13) '从头到底'의 도출

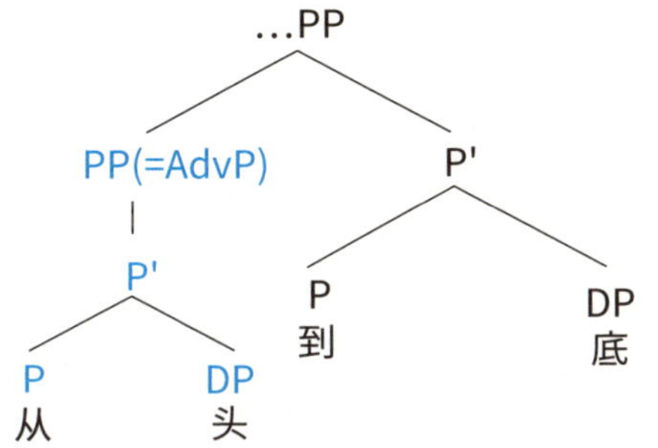

이 전치사구의 보충어 '底'는 필수성분이며, 지정어 위치에 다시 전치사구 '从头'가 온 경우이다. 중국어에서 이런 예는 '从古至今, 从无到有, 从早到晚, 从小到大' 등 매우 흔하다.

2.3. 전치사의 의미역 할당

전치사는 핵이 되어 자신의 보충어에게 모종의 의미역을 할당할 수 있다. 다음 예를 보자.

(14) '[我[在图书馆[用电脑[还了[书]]]]]'의 도출과 의미역 할당

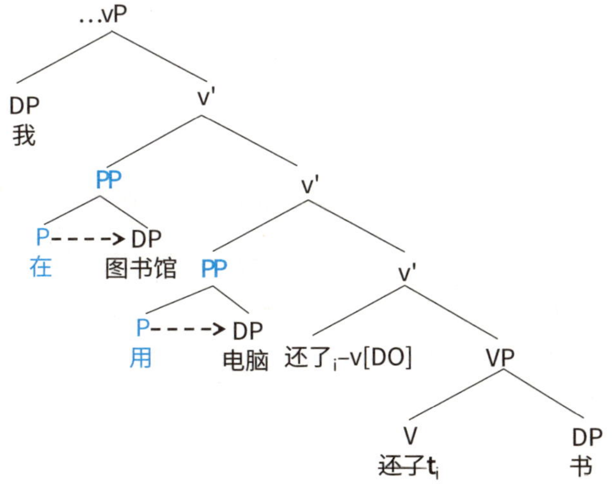

전치사 '在'는 자신의 보충어 '图书馆'에게 <장소(locative)> 의미역을, 전치사 '用'은 자신의 보충어 '电脑'에게 <도구(instrument)> 의미역을 할당한다. 또 다음 예를 보자.

(15) '[我[向张三[学习[汉语]]]]'의 도출과 의미역 할당

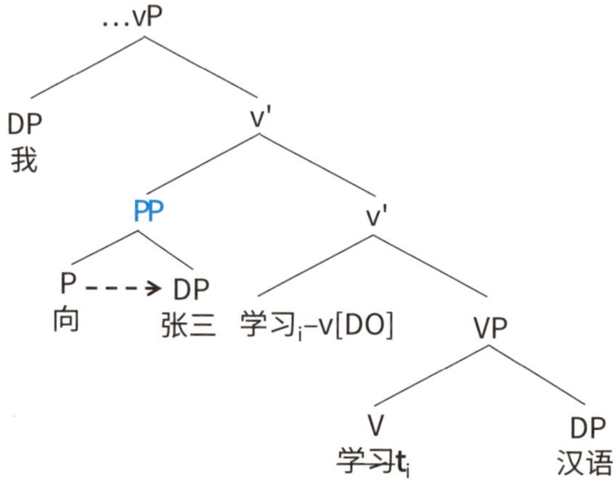

전치사 '向'은 자신의 보충어 '张三'에게 <출발점(source)>의 의미역을 할당한다.

3. 부정사구(NegP)

3.1. 정의

부정사구에 관한 본서의 정의를 보자.

(16) a. 부정사구는 부정사(negative)를 핵으로 하는 구로, 해당 구조체의 외형적 크기와 상관없이 최종적으로 NegP로 투사되는 모든 구는 부정사구이다.

b. 핵으로 쓰이는 **부정사의 위치변화**는 부정의 범위를 결정하는 결정적인 요소이다.

현대중국어에서 부정을 나타내는 핵은 '不'와 '没(有)'가 있다. 이들이 보충어를 취하여 최대투사하는 구가 바로 부정사구이다.

3.2. 부정사 '不'와 '没(有)'의 상보성

중국어의 부정사 '不'와 '没(有)'는 술어와의 공기하는 중에 서로 상보성을 보인다.

(17) 술어의 의미특성과 부정사의 공기현상

술어의 의미특성	부정사	
	不	没(有)
[± 완료성]	—	+
[± 주관성]	+	—

(+: 일반적으로 사용이 가능함. -: 일반적으로 사용이 불가함)

1) '不'와 호응하는 술어특성

'不'는 일반적으로 [- 완료성] 술어에 대하여 화자의 '주관적이고 의지적'인 부정을 표시한다. 김종호(2012)의 표를 보자.

(18) '不'와 호응하는 술어의 의미특성과 그 예

'不'와 잘 호응하는 술어			술어의 예
동태적 특징	의미적 특징	의미 분류	
[-완료성]	[+주관성]	가치 판단	值得, 类似, 大于, 小于, 等于
		심리	应该, 会, 可以, 愿意
…않는다	…않는다 …아니다	관계성	是, 存在, 像, 如
		형용사적 속성	好, 坏, 简单, 复杂

2) '没(有)'와 호응하는 술어특성

'没有'는 [+ 완료성]을 가지는 술어에 대해 동작이나 상태가 아직 '완료(/실

현)되지 않은 것'을 나타낸다. '不'와 달리 일반적으로 객관적인 부정이다.[5)]

(19) '沒(有)'와 호응하는 술어의 의미특성과 그 예

'沒(有)'와 잘 호응하는 술어			술어의 예
동태적 특징	의미적 특징	의미 분류	
[+완료성]	[+객관성]	탄생, 사망, 손실	诞生, 死亡, 失踪, 受伤
		변화, 종점성	变成, 碰见, 接到, 听说
않았다	않았다 못했다	방향성	下降, 沦陷, 转入
		소유, 획득	有, 考取, 得救

현대중국어에서 '不'와 '沒'는 상보적 분포를 보이며 부정사구(NegP)를 구성하는 핵이다. 이상의 내용에 근거하여 부정사의 일반적인 용법을 다음과 같이 표로 정리할 수 있다.

부정부사			예 문
不	항상 '不'	판단관계 是	ⓐ 那不是书。
		가능보어의 부정	ⓑ 我记不住那些同学的名字。
			ⓒ 那张畵儿挂得很好, 掉不下来。
	일반적으로 '不'	일상적, 습관적인 동작	ⓓ 从前他不跳舞。
		미래의 동작	ⓔ 下星期他不进城。
		의지나 희망	ⓕ 休息的时候儿我们都唱歌儿, 他不唱。
		조동사	ⓖ 你不应该去。
		심리/인지동사	ⓗ 因为他不告诉我, 我不知道。
		형용사성 술어	ⓘ 这个问题不简单。

5) 따라서 부정부사 '沒有'와 잘 호응하는 술어는 의미적으로 객관적 사실을 나타내는 [+객관성] 술어이다. 또, '수동(受动)의 의미'를 가지는 동사 및 '소유'의 의미를 나타내는 '有' 등이 잘 호응된다. 객관성 술어는 동태적으로 일순간에 완료(실현)될 수 있는 [+완료성] 개념이 많으므로, 두 음절인 경우는 '술어성 형태소+보어성 형태소'로 이루어진 어휘들이 많다.

<table>
<tr><th colspan="3">부정부사</th><th>예 문</th></tr>
<tr><td rowspan="6">没(有)</td><td rowspan="2">항상
'没(有)'</td><td rowspan="2">소유관계 有</td><td>ⓙ 金老师没有中文报。</td></tr>
<tr><td>ⓚ 他没有信心。</td></tr>
<tr><td rowspan="2">일반적으로
'没(有)'</td><td>행위의 비완료표시</td><td>ⓛ 今天他没有来。</td></tr>
<tr><td>결과보어구</td><td>ⓜ 我没有看懂这个问题, 以回答得不对。</td></tr>
<tr><td rowspan="2"></td><td>동작의 진행</td><td>ⓝ 我去找他的时候儿, 他没有学习。</td></tr>
<tr><td>상태의 지속</td><td>ⓞ 门没有开着, 窓户都开着呢。</td></tr>
</table>

3.3. 부정사구의 도출

통사부에서 도출되는 부정사구(NegP)의 위치를 파악해 보자.

1) 기본구조

(20) '我不吃飯'의 도출

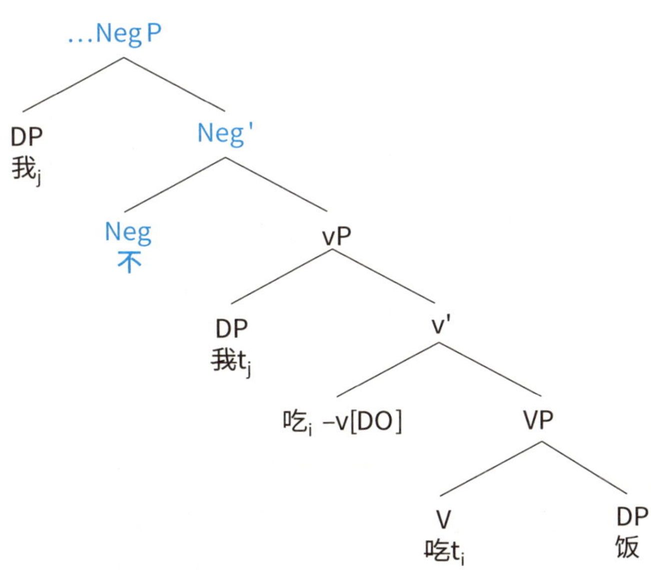

부정사는 일반적으로 명제에 대해 부정하므로 대개 경동사구(vP) 이상의 계층에서 도출된다. 즉, 자신의 보충어인 경동사구에 대해 '부정'의 의미를 부여

한다.

2) 이중부정

이중부정이란 한 문장(CP) 내에 두 개의 '부정'이 출현하여 '[부정]+[부정]→긍정'의 의미를 나타내는 형식으로, 그 표현의 목적은 '긍정의 강화'에 있다. 다음 수형도를 보자.

(21) '他们不能不工作'의 도출

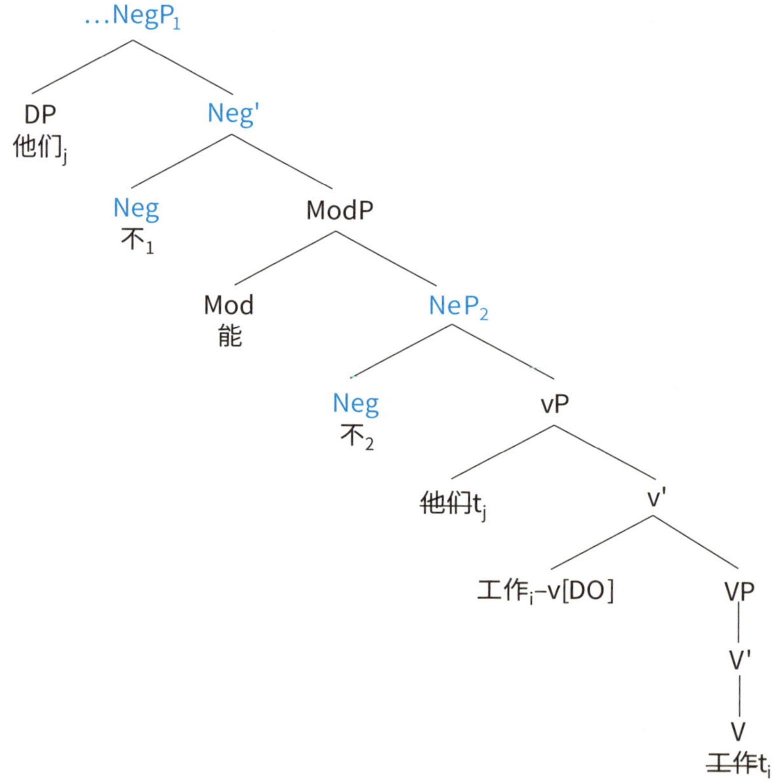

수형도에서 보듯, 이 구조는 'NegP1'과 'NegP2'로 구성된다. 성분통어의 개념을 적용할 때, 핵 '不1'은 핵 '不2'를 성분통어한다.[6] 따라서 '부정의 부정'이

6) 성분통어에 대해서는 본서 제7강의 2.2를 참고하라.

되어 '긍정'의 의미를 표시한다.

3) 완전부정과 부분부정

첫째, 완전부정

'정도, 범위, 빈도' 등의 부사가 부정사의 앞에 위치하는 경우이다. 다음 예를 보자.

(22) 我一直没生病。[그는 줄곧 병을 앓지 않았다.]의 도출

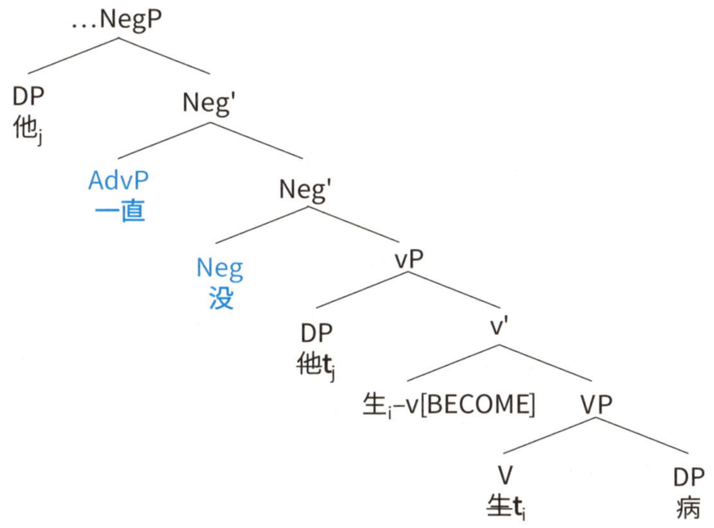

성분통어의 개념을 적용할 때, 상위의 '一直'는 하위의 '没'를 성분통어하며 '부정의 의미에 대해 줄곧 그러함'을 표시한다. 따라서 이 수식구조는 완전부정의 의미이다.

둘째, 부분부정

'정도, 범위, 빈도' 등의 부사가 부정사의 뒤에 위치하는 경우이다. 다음 수형도를 보자.

(23) 我没一直生病。[그는 줄곧 병을 앓은 것은 아니다.]의 도출

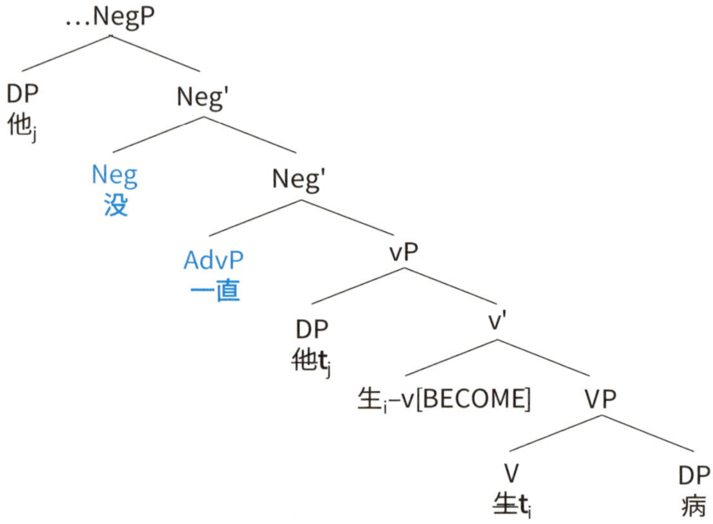

상위의 '没'는 하위의 '一直'를 성분통어하며 수식한다. 따라서 이 수식구조는 완전 긍정명제에 대한 부정이므로, 부분부정의 의미를 표시하게 된다.

결국, '정도, 범위, 빈도'등에 대한 부정의미는 부정(부)사와 해당 부사들 간의 계층적 차이에 의해 완전부정과 부분부정의 의미 차이를 나타낸다. 이 관계를 다음과 같이 표시할 수 있다.

(24) a. 완전부정의 도출 : [X ['不/没' [Y]]]

b. 부분부정의 도출 : ['不/没' [X [Y]]]

(X는 '정도, 범위, 빈도'등을 나타내는 부사어, Y는 술어)

이상 2)와 3)의 내용을 다음과 같이 요약할 수 있다.

(25) 이중부정과 부정의미의 해석

<table>
<tr><th colspan="4">이중부정과 부정의미 해석</th><th>예 문</th></tr>
<tr><td rowspan="3">이중
부정</td><td colspan="3">'不+V+不+VP'</td><td>现在，他们不能不工作。</td></tr>
<tr><td colspan="3">'非+V(VP/N/NP/S)+不可(/行)'</td><td>他非走不可!</td></tr>
<tr><td colspan="3">'没有'와 '不'의 연용</td><td>没有人不休息。</td></tr>
<tr><td rowspan="6">부정의
의미
해석</td><td rowspan="3">완전
부정</td><td rowspan="3">부식성분+不+중심어</td><td>정도</td><td>我很不高兴。</td></tr>
<tr><td>범위</td><td>我一直没生病。</td></tr>
<tr><td>빈도</td><td>他天天不上班。</td></tr>
<tr><td rowspan="3">부분
부정</td><td rowspan="3">不+수식성분+중심어</td><td>정도</td><td>我不很高兴。</td></tr>
<tr><td>범위</td><td>我没一直生病。</td></tr>
<tr><td>빈도</td><td>他不天天上班。</td></tr>
</table>

4. 양태사구(ModP)

4.1. 정의

양태사구에 관한 본서의 정의를 보자.

(26) a. 양태사(modals)를 핵으로 하는 구로, 해당 구조체의 크기와 상관없이 최종적으로 ModP로 투사되는 모든 구는 양태사구이다.
b. 양태사의 핵은 일반적으로 조동사에 의해 표시된다.

양태(modality)란 양태사를 사용하여 문장이 표현하는 사건의미(eventuality)의 진리치(truth value)에 대해 표출된 주어 혹은 화자의 주관적 관점이자, 또 그러한 언어적 표현법이라 하겠다.[7] 중국어의 양태사를 표로 보이면 다음과 같다.

(27) 중국어의 양태표현 요소

	양태의미	양태사의 예
양태사	가능성	能, 会, 能够, 可能
	능력이나 기능	能, 能够, 会
	당위성	应该, 应当, 该, 要
	필요성	必需, 得
	주관적인 희망	想, 要, 愿意, 肯
	금지 및 기타	别, 敢

7) 양태를 나타내는 주요 요소는 양태사이며, 영어에서는 주로 조동사(auxiliary: 'be, have, do'이외의 may/might, can/could, must, shall/should, will/would)에 의해 표현된다. Victoria Fromkin외 저(1974, 제9판), 謝富惠외 역(2011[1999]: 118-119, 790) 참조.

4.2. 도출

蔡维天(2015 : 257)은 Rizzi(1997)의 제도이론(cartography theory)에 근거하여 구의 구조를 보문사 층위, 굴절 층위, 어휘 층위로 삼분한다. 이중에서 양태사가 위치할 수 있는 위치를 두 군데로 설정한다. 이는 통사부에서 도출되는 양태사구의 위치파악에 매우 유익한 견해이다. 다음 수형도를 보자.

(28) 양태사구의 도출 위치

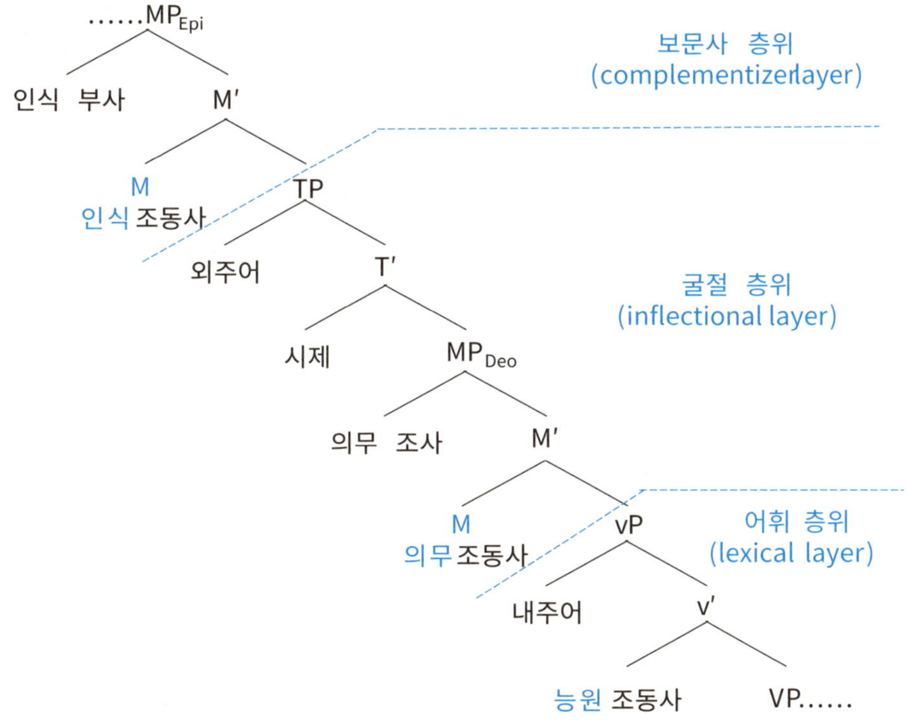

수형도에서 보듯, 소위 [+ 인식(epistemic)] 양태는 보문사구 층위(complementizer layer)에서 도출되며, [+ 의무(deontic)] 양태는 굴절 층위(inflectional layer)에서 도출된다. 이 원칙은 하나의 동일한 양태 조동사에서도 공통적으로 적용된다. 즉, 해당 양태사가 구의 어느 계층에서 도출되느냐에 따라 서로 다른 의미와 기능을 보인다. 양태 조동사의 구체적인 쓰임에 대해 알아보자.

4.3. 양태 조동사

상용되는 몇몇 양태 조동사의 양태성에 대해 살펴보자.

1) '要'
양태 조동사 '要'가 보이는 양태 차이에 주의해 다음 예를 보자.

(29) a. 张三**要**这本书。장삼은 이 책을 원한다. [능원동사]
b. 张三**要**买这本书。장삼은 이 책을 사려고 한다. [능원 조동사]
c. 犯人每晚九点**要**上床睡觉。
범인들은 매일 저녁 9시에 침대로 가서 잠을 자야한다. [의무조동사]
d. 人每天**要**喝水。사람은 매일 물을 마셔야 한다. [필요표시 조동사]
e. 天**要**下雨了。날이 곧 어두워지려한다. [가까운 장래표시 조동사]

a의 '要'는 동사로 '요구함'을 의미하며, b-d는 '요구함/원함', '의무/필요성'등의 [+ 의무] 양태이며, e는 아직 '실현'되지 않은 사태에 대한 화자의 [+ 인식] 양태이다. 즉 a-e의 양태의미는 '구체→추상'의 특징을 보이며, 이는 수형도 (28)에서 보인 것과 같은 계층적인 차이로 나타난다.[8]

2) '能'
양태 조동사 '能'이 보이는 양태차이에 주의해 다음 예를 보자.

(30) a. 张三很**能**吃辣。장삼은 매운 것을 잘 먹는다. [능력표시 조동사]
b. 张三下个月就**能**出狱了。장삼은 다음 달에 출옥한다. [허가표시 조동사]

---

8) 蔡维天(2015:236)은 한 개의 동일한 양태사가 나타내는 이상과 같은 의미차이를 "양태 스팩트럼(模态光谱, modality spectrum) 현상"이라고 설명한다. 즉, 중국어에서 양태사가 통사적 계층 차이에 의해 일종의 스펙트럼처럼 연속된 의미차이를 보인다는 것이다.

c. 张三脚刚好, 明天**能**上山。장삼은 다리가 마침 좋아져서, 내일은 등산할 수 있을 것이다. [충분함 표시 조동사]

d. 台风刚走, 明天**能**上山了。태풍이 마침 지나갔으니, 내일은 등산할 수 있을 것이다. [가능표시 조동사]

a-d를 통해서 양태 조동사 '能'이 보이는 계층에 따른 의미의 차이를 관찰할 수 있다. 즉, [+의무] 양태인와 관련된 '능력이나 허가'인 반면, [+인식] 양태인의 판단이나 인식이 반영된 양태이다. 이 역시 '구체→추상(/인지)'의 특징을 보이며, 수형도(28)에서 보인 것과 같은 계층적인 차이를 보인다.

3) '会'

양태 조동사 '会'가 보이는 양태 차이에 주의해 다음 예를 보자.

(31) a. 张三**会**法语。장삼은 불어를 한다. [능력표시 동사]

b. 张三**会**说法语。장삼은 불어를 말할 줄 안다. [능력표시 조동사]

c. 张三常常**会**说法语。장삼은 자주 불어를 말하곤 한다. [습관표시 조동사]

d. 水**会**往低处流。물은 낮은 곳으로 흐른다. [물건의 습성표시 조동사]

e. 明天**会**下雨。내일은 비가 올 것이다. [미래표시 조동사]

a-e를 통해서 양태 조동사 '会'가 보이는 계층에 따른 양태의미의 차이를 관찰할 수 있다. a-b는 '주어와 관련된 능력'인 반면, d-e는 '화자의 인식'이 반영된 비교적 추상적인 의미의 양태이다. 이 역시 '구체→추상(/인지)'의 특징을 보이며, 수형도(28)에서 보인 것과 같은 계층적인 차이를 보인다.

5. 화제사구(TopP)

5.1. 정의

화제사구에 관한 본서의 정의를 보자.

(32) a. 화제사구는 화제사(TOPIC)를 핵으로 하는 구로, 해당 구조체의 외형적 크기와 상관없이 최종적으로 TopP로 투사되는 모든 구는 화제구이다.
b. 중국어에서 화제사는 '啊, 吧, 呢, 嘛' 등이 있지만, 일반적으로 비명시적인 '쉼'을 통해 실현된다.
c. 화제사는 일종의 연산 자질, 즉 **확대투사자질(EPP feature)**이 있다.

중국어의 화제사를 다음과 같이 정리한다.

(33) 화제사의 분류와 예

화제사의 분류	화제사의 예
명시적 화제사	啊
	吧
	呢
	嘛
비명시적 화제사	∅ (,)

5.2. 도출

'중국어는 화제가 돌출적인 언어(topic prominent language, 话题突出的语言)'라는 말은 이미 많은 학자들이 공인하는 말이다.[9] 그리고 화제에 관한

9) 曹逢甫(1995[1979]), Li & Tompson(1981), 김종호(2011). 현대중국어는 물론이고 고대중

연구, 특히 화제의 성격과 기능 및 분류 등도 적지 않게 진행되었다.[10] 먼저 다음 수형도를 통해 화제의 일반적인 도출 위치를 살펴보자.

(34) 화제의 도출 위치

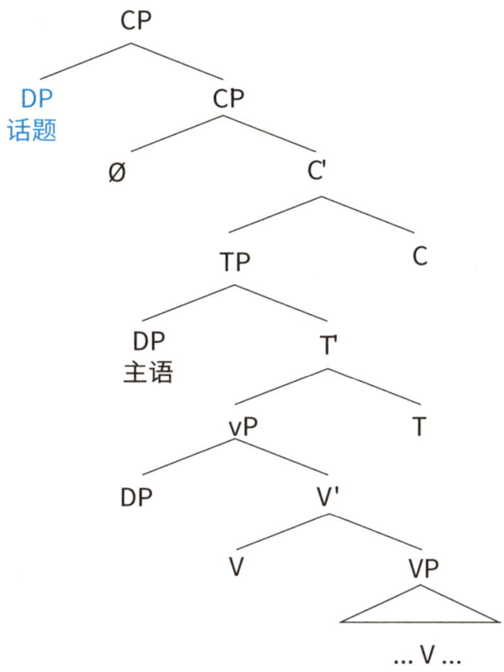

국어에서도 화제구는 매우 흔하게 발견된다. 김종호(2017, 2018) 참고.

10) 화제의 문두성과 한정성도 중시되는 개념이다. 그렇다면 다음과 같이 문두에 위치하는 명사구도 한화제인가?

a. 每一个房间我都找遍了。　모든 방마다 나는 다 찾아보았다.
b. 什么活儿他都抢先干。　무슨 일이든 그는 먼저 하려한다.
c. 什么事儿他心里都有一本帐。　무슨 일이든 그는 마음속으로 계산이 있다.
d. 一切办法我都试过了。　모든 방법에 대해서 말이지, 나는 적용해 보았다.
e. 一句话他都没说。　한 마디 말도 그는 안 했다.
f. 谁他都不认识。　누구든 말이지 그는 알지 못해.

陆俭明(2001[1986])은 위의 예a-f에서 보이는 문두의 명사구는 모두 소위 '보편성(all)'의 개념을 가지며, 청자의 머릿속에 어떤 한정적인 지시대상을 떠오르게 하지 못한다고 보아 화제구문으로 보지 않는다.

위 수형도에서 보듯 중국어 화제는 보문사구(CP)의 부가어(adjunct)가 되어 가장 높은 단계에서 보문사구를 수식한다. 邓思颖(2010:223)도 Baltin(1982)의 견해를 이용하여 중국어의 화제가 위 수형도에서 보인 것처럼 보문사구(CP)의 부가어일 것이라고 본다.[11] 이를 표찰붙은 괄호(labelled bracketing)로 나타내면 다음과 같다.

(35) [$_{cp}$ 화제 [$_{cp}$ C [$_{TP}$ 주어 [T [$_{vp}$ v[$_{VF}$ V...]]]]]]

화제의 위치는 소위 좌연구조(Left periphery, 左缘结構),[12] 즉 TP의 위 CP의 사이에서 위치한다는 것은 어느 정도 공인된 생각 같다. 그러나 이동하여 생성되는 화제의 경우와 기저생성(base generated)되는 화제 간에는 다소 계층차이가 있을 수 있다는 것이 필자의 생각이다.

1) 이동생성 화제의 도출

첫째, <대상자> 이동 화제

다음 수형도를 보자.

11) 徐烈炯·刘丹青(2007)은 화제가 화제구(TopP)의 지정어 위치에 온다고 가설하였지만, 그들은 결코 부가어의 가능성을 완전히 부정하지는 않았다. 邓思颖(2010:223) 참조

12) 제도이론(Cartographic Theory)에서 좌연구조라는 통사적 개념은 Rizzi(1997:297-299)에 의해 제기된 것으로, 보문사구(Comlementizer Phrase, CP)와 굴절사구(Inflectional Phrase, IP/TP)의 사이를 가리키는 말이다. 이 영역에는 복수의 화제나 초점이 위치할 수 있는 것으로 설명된다.

(36) '那顿饭, 你吃完了吗?'의 도출

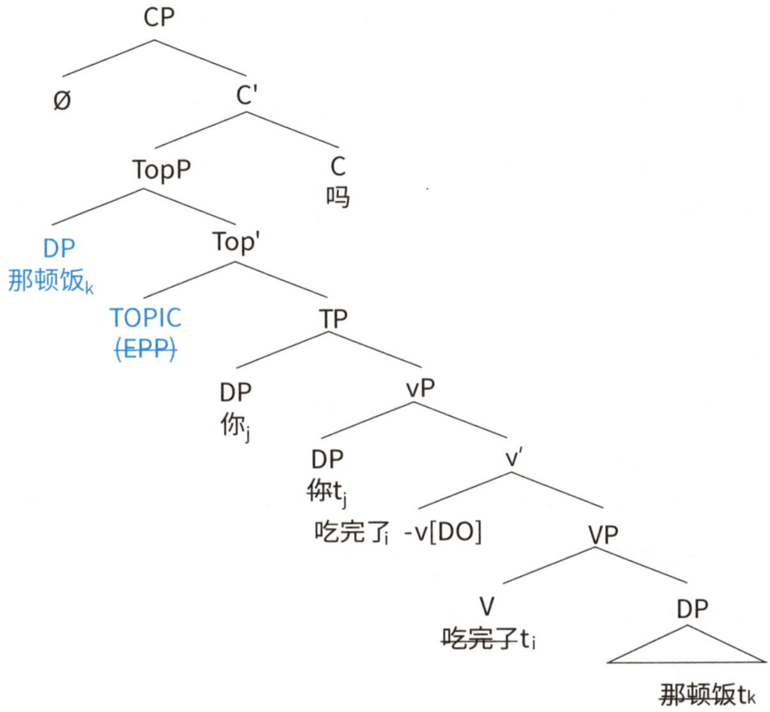

화제 '那顿饭'은 원래 동사핵 '吃完了'의 보충어(complement)로서 <대상자> 의미역을 받는다. 이후 화제사 'ø'에 있는 EPP자질에 의하여 이끌리어 화제구의 지정어 위치로 이동하여 화제가 된다. 이 생각이 맞다면, 이 화제는 최종적으로 보문사(C)의 보충어 중의 일부가 된다. 따라서 보문사 핵 '吗'의 성분통어를 받게 됨으로써 의문 내용 중의 일부가 된다. 즉 보문사 핵 '吗'는 화제어 '那顿饭'을 포함한 전체 내용에 대해서 의문의 어투를 표시한다. 결국, 다음과 같은 화제는 모두 위와 같은 기제에 의해 생성된다 하겠다.

(37) a. **这件事**$_i$我来办t_i吧。 이 일은(/을) 내가 처리할게.

b. **那本书**$_i$我已经买了t_i。 그 책은(/을) 내가 이미 샀다.

c. **交通问题**$_i$我们解决t_i。 (그)[13] 교통문제는(/를) 우리가 해결한다.

d. **早饭**$_i$你上我家吃t_i吧! (오늘) 아침은(/을) 우리 집에 와서 드세요!

a-d에서 보듯 각 화제들은 모두 핵 동사의 보충어 논항으로, 동사에 의해 이미 <대상자> 의미역을 할당받은 것들이다. 따라서 한국어에서 모두 목적격조사를 붙여도 성립한다. 이는 핵동사가 '인지/지각/느낌' 등의 의미를 가지는 경우에도 적용된다.

(38) a. **这件事**$_i$我记得t_i。 이 일은 내가 기억하고 있다.

b. **胡道长**$_i$我是知道t_i的。 후다오창은 내가 안다.

c. **这首曲子**$_i$我很熟悉t_i。 이 노래는 내가 잘 안다.

d. **这个字啊**$_i$, 我不认识t_i。 이 글자는 말이야, 난 잘 모르겠는데.

e. **这个英文句子**$_i$真难, 我不懂t_i , 他也不懂t_i。[14]

이 영어 문장은 어려워서 나도 모르고, 그도 모른다.

a-f의 예에서 보듯, 인지동사의 보충어 논항은 동사구(VP) 단계에서 모두 <대상자> 의미역을 할당받는다. 이 역시 한국어 목적격조사 '-을/를'을 부가할 수 있다는 것을 통해서도 증명된다.[15]

---

13) 화제는 이미 언어 환경상 한정성을 확보한 명사구이므로, c, d의 한국어 해석에서 보듯, 구체적인 정황이 드러나도록 적절한 한정성 어구를 덧붙이는 것이 좋다.

14) 어떤 화제는 연쇄된 복문 속에서 여러 개의 진술내용에 대해 관여할 수 있다.
(1) 那棵树花小, ∅ 叶子大, ∅ 很难看, 所以我没买 ∅。
(그 나무는 꽃이 작고, 잎이 크며, 예쁘지 않아서, 나는 사지 않았다.)
(2) 这本书大学生们都很欢迎 ∅, 因为 ∅ 内容精彩, ∅ 分析简单明了, ∅ 特别便于检索。
(이 책은 대학생들이 모두 환영하는데, 왜냐면 내용이 좋고, 분석이 간단명료하며, 특히 검색에 편리하기 때문이다.)
이처럼 '화제화'는 긴 내용을 연쇄적으로 연결하여 문장 혹은 단락의 연계성을 강화하는 기능을 한다. 이러한 현상을 화제연쇄(topic chain)이라 한다. 曹逢甫(1995[1979]), 김종호(2011) 참고

15) 이런 점에서 여러 학자들이 말하듯 중국어의 '화제는 보문사구(CP)의 부가어이다.'라는 말의 적절성에 대해 중국어의 특징을 고려한 검증이 있어야 할 것이다.

둘째, <도구> 이동 화제

시제사구(TP) 아래에서 <도구/방식/재료> 등의 의미역을 할당 받았던 한정사구도 문두, 즉 화제사구의 지정어(TopP-Spec) 위치로 이동하여 화제가 될 수 있다. 다음 예를 보자.

(39) ‘大杯, 他喝啤酒吗?’의 도출

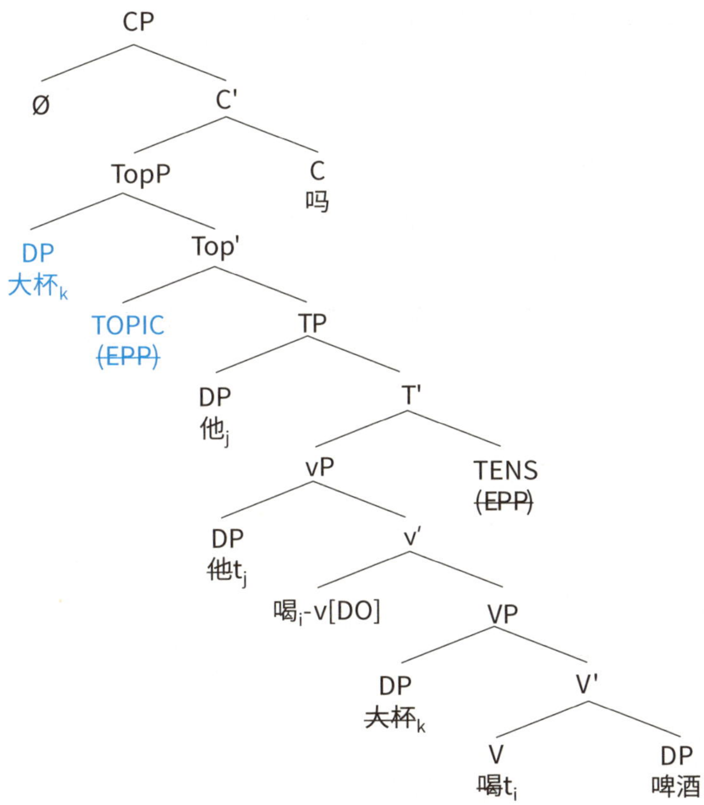

위 수형도에서 보듯, 화제구(TopP)의 지정어 위치를 채우기 위해 연산과정 중 탐침(probe)하여 찾을 수 있는 명사구는 <행위자>인 주어(他)를 제외하고, 동사 ‘VP’의 지정어 위치에 있는 도구표시 한정사구 ‘大杯’가 우선 대상이다. 순서상 보충어 위치의 ‘啤酒’보다 근접거리에 있기 때문이다. 따라서 도구표시 명사구가 먼저 TopP의 지정어 위치로 이동하여 도구 화제구를 도출한다. 이런 도구표시 화제구문은 중국어에서 흔히 보이는 자연스런 화제사구이다.

(40) a. **那个锅**, 奶奶煮饺子吗?。 그 솥으로는 할머니가 교자를 찌시나요?

b. **这把刷子**, 他漆过家具吗?。 이 솔로는 그가 가구를 칠한 적이 있습니까?

c. **这支试管**, 他化验尿了吗?。 이 시험관으로는 그가 소변검사를 했습니까?

2) 기저생성 화제의 도출

화제가 시제사구(TP) 아래에서 동사나 전치사와 논항관계를 가진 것이 확인되지 않는다면, 그 화제는 기저 생성(base generated)된 것이다. 다음 예를 보자.

(41) **水果**, 他喜欢吃苹果吗?

과일은 말이죠, 그가 사과 먹는 것을 좋아합니까?

(42) **那场火**, 幸亏消防队来得早吗?

그 불은 말이지, 다행스럽게도 소방대가 빨리 오게 되었습니까?

예(41)에 대한 수형도를 보자.

(43) '水果, 他很喜欢吃苹果吗?'의 도출

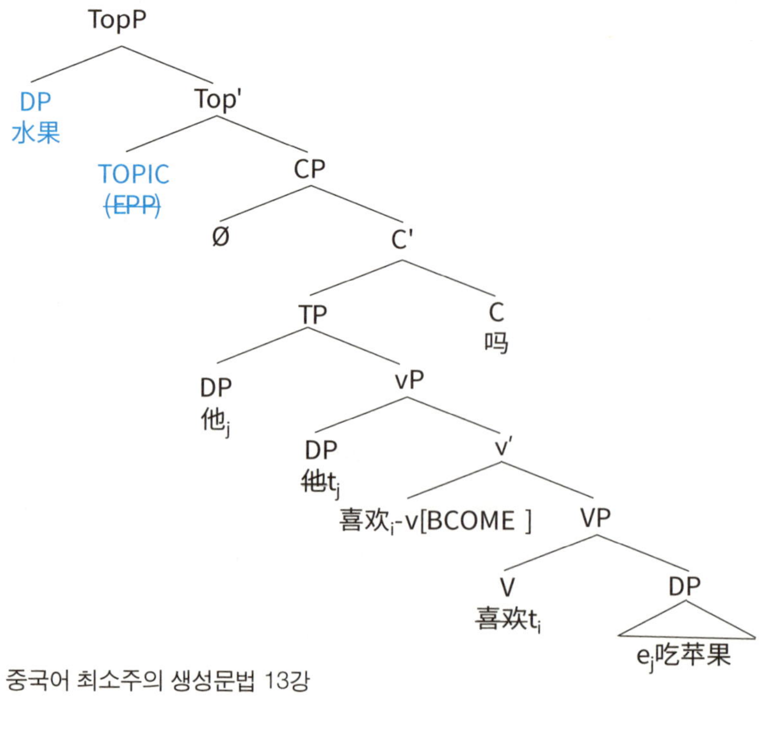

위의 수형도에서 화제어 '水果'는 술어와 논항관계가 없으므로, TP내에서 그 위치를 찾을 수 없다. 이는 이 어휘가 어휘부에서 추출되어 외부 병합(external merge)되었기 때문이다. 이처럼 술어와 논항관계가 없는 화제는 보문사핵(C)의 위에서 부가되는 것이며, TP의 아래에서 동사와 논항관계가 없으므로 당연히 의미역도 할당받지 못 할 것이므로, 화제 뒤에 한국어 '-을/를'을 부가하여 해석하면 매우 어색하다. 다음과 같은 화제구도 같은 예 해당한다.

(44) **鱼**, 黄鱼最好吃。물고기는(*/를) 말이지, 조기가 제일 맛있다.

(45) **数学成绩**, 小李是95吗？ 수학성적은, 샤오리가 95점인가요?

(43)의 수형도에서 보듯, 이런 화제의 경우는 확실히 보문사구의 외곽에 부가된 부가어적 성격이 있다. 이런 화제를 소위 '현수 화제(dangling topic)' 혹은 '중국식 화제'라고 한다.

찾아보기

T

V

W

ㄱ

ㄴ

ㄷ

ㅁ

ㅂ

ㅅ

ㅇ

ㅈ

ㅊ

ㅌ

ㅍ

ㅎ

참고문헌

김광섭(2018), 『최소주의와 최후의 수단』, 서울: 한국문화사

김용하·최기용 외(2018), 『한국어 생성 통사론』, 서울: 역락

김종호(2011), 『현대중국어 화제화 이중명사구문 연구』, 서울: 한국문화사

김종호(2018a), 「'논어' 명구 속 '원인-결과' 사건구조의 이해와 한국어 번역」 『중어중문학』 72

김종호(2018b), 「현대중국어 '很能'의 두 통사 위치 해석」 『중국언어연구』 77

김종호·강희명(2017), 「현대중국어 화제의 두 위치 해석」 『중국언어연구』 71

金琮鎬·金骏午(2016b), 「论所谓兼语句"S2"的题元角色」 『중국언어연구』 67

김종호·박혁재(2016a), 「현대중국어 술목 离合式 "V+谁的+O"구조의 도출과 해석 –경동사 사건구조를 중심으로-」 『중국학보』 77

박승혁(1997), 『최소주의 문법론』, 서울: 한국문화사

신준호(2007), 「Topic-Focus Structure and Quantification of Dou 'all'」 『Taiwan Journal of Linguistics』, Crane Publishing

신준호(2008), 『漢語數量詞組(Numeral Phrase in Mandarin Chinese)』, 国立清华大学博士论文

신준호(2009a), 「'都'의 배분성(Distributivity)과 망라성(Exhaustivity)」 『중국학논총』 25

신준호(2009b), 「현대 중국어 比구문에서의 생략 (Ellipsis)」 『중국언어연구』 29

양동휘(2004[2003]), 『최소주의 가설』, 서울: 한국문화사

양동휘(2015), 『신 최소주의 이론: 비결정론』, 서울: 한국문화사

이선우(2005),『촘스키의 이해 I』, 서울: 한국문화사

이슬기(2015),『现代汉语系词类动词的省略研究』,北京大学博士论文

이지현·이창호(2017),「현대 중국어 배치/창조 의미 존재 동사 NP 목적어의 한정성 비교 분석」『중국언어연구』69

이창호(2003),「현대중국어 동사의 보충어에 대한 재고」『중국학보』47

이창호·이지현(2011),「현대중국어 명사 어구의 유형 분석」『중국어문학논집』67

이창호·이지현(2016),「현대 중국어 명사구 내부 구성 성분에 대한 소고」『중국어문논총』77

장홍석(2008),「현대 중국어 재귀대명사 '自己'」『중국어문논총』39

장홍석(2011),「현대 중국어 비전형 목적어문 연구」『중국언어연구』36

장홍석(2013),「현대 중국어 부가어 연구」『중국어문학논집』81

최기용 편저(2006[2005]),『최소주의의 최근 흐름: Chomsky(1995) 이후』, 서울: 한국문화사

최기용(2010[2009]),『한국어 격과 조사의 생성통사론』, 서울: 한국문화사

宁春岩저, 김종호외 역(2015),『생성문법이란 무엇인가』, 서울: 한국문화사

Noam Chomsky(1995), 박명관·장영준역(2001),『최소주의 언어이론』, 서울: 한국문화사

邓思颖(2010),『形式汉语句法学』, 上海教育出版社

陆俭明(1997),「关于语义指向分析」『中国语言学论丛』第1辑, 北京: 北京语言文化大学出版社

陆俭明(2002),「再谈"吃了他三个苹果"一类结构的性质」『中国语文』第4期

陆俭明(2003),『现代汉语语法研究教程』, 北京: 北京大学出版社

满在江(2015),『DP新假说-最简方案框架下的子句论元-』, 北京: 外语教学与研究出版社

石定栩·胡建华(2006),「"了2"的句法语义地位」『语法研究和探索(十三)』, 北京: 商务印书馆

王力(1980),『汉语史稿』, 北京: 中华书局

王力(1984[1944]),『中国语法理论』《王力文集)(第一卷), 济南: 山东教育出版社

熊仲儒(2002),「存现句与格理论的发展」『现代外语』, 第1期

熊仲儒(2004),『现代汉语中的致使句式』, 合肥: 安徽大学出版社

熊仲儒(2005),「以"的"为核心的DP结构」『当代语言学』, 第2期

熊仲儒(2009),「再论"来着"」『汉语学习』, 第3期

袁毓林(1996),「话题化及相关的语法过程」『中国语文』, 第4期

张志恒(2013),「从制图理论探索汉语话题与焦点的分布」『现代外语』, 第36卷

宁春岩(2011),『什么是生成语法』, 上海外语教育出版社 曹逢甫(1995[1979]),『A FUNCTIONAL STUDY OF TOPIC IN CHINESE』, 臺北: 學生書局

朱德熙(1982),『语法讲义』, 北京: 商务印书馆
蔡维天(2007),「重温"为什么问怎么样 ,怎么样问为什么"」『中国语文』, 第3期
蔡維天(2015),『從微觀到宏觀 - 漢語語法的生成視野』, 北京:商務印書館.
蔡維天(2016),「論漢語內、外輕動詞的分布與詮釋」『語言科學』, 第15卷 第4期(總第83期)
汤廷池(1979),『國語變形語法硏究』, 臺北: 臺湾學生書局
汤廷池(1992),『漢語詞法句法四集』, 臺北: 臺湾學生書局
汤廷池(1994),『漢語詞法句法五集』, 臺北: 臺湾學生書局
何元建(2007),『生成语言学背景下的汉语语法及翻译研究』, 北京: 北京大学出版社。
何元建(2011),『现代汉语生成语法』, 北京: 北京大学出版社
黄正德(2007),「汉语动词的题元结构与其句法表现」『语言科学』, 第6卷第4期
黄正德·李艳惠·李亚非著, 张和友译(2013),『汉语句法学』, 世界图书出版公司北京公司
Victoria Fromkin외 저(1974, 제9판), 谢富惠외 역(2011[1999]), An Introduction to Language(语言学新引), CENGAGE Learning, 台北: 文鹤出版有限公司

C.-T. James Huang, Y.-H. Audrey Li, Yafei Li(2009), The Syntax of Chinese. Cambridge. Cambridge University Press
Chomsky, Noam(1957), Syntactic Structures. The Hague: Mouton.
Chomsky, Noam(1981), lectures on Government and Binding. Dordrecht: Foris Puhlications.
Chomsky, Noam(1995), The Minimalist Program. Cambridge: MIT Press
Huang, C.-T. James(1982), Logical relations in Chinese and the theory of grammar. Doctoral dissertation. MIT.
Huang, C.-T. James(1984), On the distribution and reference of empty pronouns. Linguistics Inquiry 15. Reprinted in C. -T.
Huang, C.-T. James(1987), Remarks on empty categories in Chinese. Linguistic Inquiry 18.
Huang, C.-T. James(1989), Pro-drop in Chinese: a generalized control theory. In Osvaldo Jaeggli, and Kenneth J. Safir, eds. , The Null Subject Parameter, Dordrecht: Kluwer Academic Publishers.
James Huang(2010), Between Syntax and Semantics ,New York and London: Routledge.
Li, Y.-H. Audrey(1997), A Number Projection, ms. University of Southern California.
Li, Y.-H. Audrey(1999), Plurarity in a Classifier Language. Journal of East Asian Linguistics 8.

Palmer F.r(2001[1986]) , Mood and Modality (second edition)[M]. Cambridge: Cambridge University Press.

Pan, Haihua and Jianhua Hu(2002), Licensing dangling topics in Chinese. Paper Presented at the 2002 LSA Annual Meeting in San Francisco, CA, USA.

Paul, W(2005), Low IP and left periphery in Mandarin Chinese. Recherches Linguistiques de Vincennes 33.

Radford, Andrew(2012[2004]), Minimalist Syntax: Exploring the structure of English. Cambridge. Cambridge University Press, 5th edn

Rizzi, Luigi(1997), The Fine Structure of the Left Periphery. Elements of Grammar: A Handbook of Generative Syntax. Ed. Liliane Haegeman. Dordrecht: Kluwer.

Rizzi, Luigi(2004), Locality and Left Periphery. In A Belletti(ed), Structure and beyond: The cartography of syntactic structure 3. New York: OUP

Shi, Dingxu(2000), Topic and topic-comment constructions in Mandarin Chinese. Language 76.2.

So-Young Kim(2006), Topics and Null arguments in Korean: the syntax and discourse.

Tang, Chih-Chen Jane(1990), Definiteness Argreement and the Chinese DP. Language and Linguistics 2.

Tang, Sze-Wing(1998), Parametrization of features in syntax. Doctoral dissertation, University of California, Irvine.

Tang, Sze-Wing(2006), A minimalist view on the syntax of BECOME. In Changguk Yim, ed., Minimalist Views on Language Design, Seoul: Hankook Publishing Company/ The Korean Generative Grammar Circle.

theoretical consequences. Linguistic Inquiry 24. Reprinted in C.-T. James Huang(2010), Between Syntax and Semantics. New York and London: Routledge.

Tsai, Wei-tien Dylan(1994), On economizing the theory of A–bar dependencies. Doctoral dissertation, MIT.

Tzong-Hong Lin(2001), Light Verb Syntax and the Theory of Phrase Structure. DISSERTATION DOCTOR OF PHILOSOPHY, IRVINE.

Wei-Tien Dylan Tsai(2015), The Cartography of Chinese Syntax. The Cartography of Syntactic Structures. Volume 11.

Wei-Tien Dylan Tsai(2015), The Cartography of Chinese Syntax. The Cartography of Syntactic Structures. Volume II

중국어 최소주의 생성문법 13강

초판 인쇄 2018년 8월 23일
초판 발행 2018년 8월 30일

지은이 김종호
발행인 김인철
총괄 · 기획 가정준 Director, University Knowledge Press
편집장 신선호 Executive Knowledge Contents Creator
도서편집 박현정 Contents Creator
전자책편집 이리나 e-Contents Creator
재무관리 문수진 Managing Creator
사전 · 출판 정준희 Contents Creator
마케팅 파트장 백승이 Chief Marketing Creator
마케팅 이현진 Marketing Creator
발행처 한국외국어대학교 지식출판콘텐츠원
02450 서울특별시 동대문구 이문로 107
전화 02)2173-2493~7
팩스 02)2173-3363
홈페이지 http://press.hufs.ac.kr
전자우편 press@hufs.ac.kr
출판등록 제6-6호(1969. 4. 30)
디자인 · 편집 (주)이환디앤비 02)2254-4301
인쇄 · 제본 네오프린텍 02)718-3111

ISBN 979-11-5901-381-2 93720 정가 18,500원

*잘못된 책은 교환하여 드립니다.

불법복사는 지적재산을 훔치는 범죄행위입니다.
저작권법 제136조(권리의 침해죄)에 따라 위반자는 5년 이하의 징역 또는 5천만 원 이하의 벌금에 처하거나 이를 병과할 수 있습니다.

HUINE은 한국외국어대학교 지식출판콘텐츠원의 어학도서, 사회과학도서, 지역학도서 Sub Brand이다. 한국외대의 영문명인 HUFS, 현명한 국제전문가 양성(International +Intelligent)의 의미를 담고 있으며, 휴인(携引)의 뜻인 '이끌다, 끌고 나가다'라는 의미처럼 출판계를 이끄는 리더로서, 혁신의 이미지를 담고 있다.